小学校 教科書単元別
到達目標と評価規準

理科 小学3-6年

JN190050

INDEX

はじめに　田中耕治	3
本書の特長	4
新学習指導要領のポイント	6
学習指導要領　理科改訂のポイント	8
指導要録改訂のポイント	10
各教科の評価の観点と領域	12
単元一覧表	14
到達目標と評価規準	17

はじめに

子どもたちに「生きる力」を保障するために

佛教大学教育学部教授，京都大学名誉教授　**田中 耕治**

2017年3月に新しい学習指導要領が告示され，小学校では2020年度から，中学校では2021年度から全面実施される。また2019年1月には，中央教育審議会初等中等教育分科会教育課程部会より「児童生徒の学習評価の在り方について（報告）」が公表され，指導要録改訂の方針が示された。

新しい学習指導要領では，「生きる力」を育成するために，「何を学ぶのか」に加えて「何ができるようになるか」「どのように学ぶか」が重視され，知識・技能の習得に加えて，子どもたちが自ら考え，判断して表現する力と主体的に学習に取り組む態度を身に付けさせることが求められている。

各小学校では，来年度からの全面実施に向け，さまざまな準備をしていく必要があるが，子どもたちの学力を保障するためには，「目標」の設定と「目標に準拠した評価」が必須であるということに変わりはない。このことを今一度確認しておきたい。

（1）変わらない「目標に準拠した評価」の意義

「目標に準拠した評価」では，子どもたちに身に付けてほしい学力内容を到達目標として示し，すべての子どもが目標に到達するように授業や教育課程のあり方を検討していく。そして「目標に準拠した評価」を行い，未到達な状況が生まれた場合には，教え方と学び方の両方に反省を加え，改善を行うことができる。まさしく「目標に準拠した評価」こそが，未来を生きる子どもたちに本物の「生きる力」を保障する確固たる方針である。

（2）新しい観点での評価規準の明確化と評価方法の工夫

「目標に準拠した評価」を具体的に展開していくためには，到達目標にもとづく評価規準を明確にする必要がある。評価規準があいまいな場合には，子どもたちが到達目標に達したかどうかの判断が主観的なものになってしまう。したがって，評価規準を明確にすることは「目標に準拠した評価」の成否を決する大切な作業となる。

2020年度からの新しい学習評価では，観点が「知識・技能」「思考・判断・表現」「主体的に学習に取り組む態度」の3観点に統一される。どの観点でも，到達目標の設定と評価規準の明確化に加え，子どもたちが評価規準をパスしたかどうかを評価する方法の工夫が必要となる。そのような評価方法は，子どもたちの学びの過程を映し出したり，子どもが評価活動に参加して，自己表現－自己評価できるものが望ましい。

当然のことながら，それらの評価が「評価のための評価」となってはならない。そのためには，これまで以上に客観的な評価規準を設定することが不可欠となる。

このたび上梓された本書が，「目標に準拠した評価」を実現するための有効な手引書になれば幸いである。

本書の 特長

○新学習指導要領の趣旨を踏まえ，教科書の単元ごとに到達目標と評価規準を，新しい3観点それぞれで設定。また，授業ごとの学習活動も簡潔に提示。新学習指導要領と新観点に沿った指導計画，授業計画の作成に役立ちます。

内容紹介

〔紙面はサンプルです〕

6年　　　　　　　　　　　　　　　教科書：p.28〜35　配当時数：5時間　配当月：5月

2. 植物の成長と日光の関わり

時数，配当月表示

内容の区分　B 生命・地球

区分表示

関連する道徳の内容項目　D 自然愛護

関連する道徳の内容項目

到達目標

≫知識・技能

○葉に日光が当たると，デンプンができることがわかる。

○日光を当てた葉と当てない葉で，デンプンのでき方を比べる実験を適切に行い，その結果を記録することができる。

≫思考・判断・表現

○植物の成長と日光との関わりについて問題を見つけることができる。

○予想や仮説を確かめるための実験計画を立てることができる。

○日光とデンプンのでき方との関係を調べる実験結果から，より妥当な考えを導き出し，

○葉にできた養分が，植物の成長とどのように関わっているかを考えることができる。

到達目標
授業の目標が明確にわかり，授業計画のもとになります。

≫主体的に学習に取り組む態度　※「主体的に学習に取り組む態度」は方向目標を示しています。

○植物の成長と日光との関わりについて粘り強く追究する活動を通して，葉でデンプンをつくるはたらきについて知り，まとめようとする。

評価規準

≫知識・技能

○デンプンができるためには，葉に日光が当たることが必要であることを理解している。

○葉でデンプンができるために必要な条件を調べる実験を，条件制御しながら適切に行っている。

○葉でデンプンができるために必要な条件を調べた実験結果を，正確に記録している。

● 対応する学習指導要領の項目：B(2) ア (ア)

≫思考・判断・表現

○植物の発芽の学習をもとに，植物の成長にデンプンが必要であるかどうかについて根拠のある予想を立てている。

○立てた予想を発表したり，文章にまとめている。

○友だちの意見を聞いて，自分の予想の妥当性について考えている。

○予想を確かめるための実験を計画している。

○実験結果をもとに，葉にデンプンができるために必要な条件について考え，わか

評価規準
「知識・技能」「思考・判断・表現」
児童が目標に達したかどうかをみとる際の規準です。
授業中の様子や児童のノートを確認する際の参考にもなります。

> **評価規準**
> **「主体的に学習に取り組む態度」**
> この評価規準を参考に，「主体的に学習に取り組む態度」の評価を行うことができます。

≫主体的に学習に取り組む態度

○植物の成長と日光との関わりについて問題を見つけ，根拠のある予想・仮説を立てて実験し，自分の考えをまとめている。

○植物の成長と日光の実験計画について，友だちとの話し合いを通して自らの考えを見直している。

○植物の成長と日光の実験結果をもとに考察したことについて，自分の意見を人にわかりやすく伝えるくふうをしている。

○植物の成長と日光の関わりの学習で，わかったこととまだわからないこと，できるようになったこととまだできないことが何かを，自分で考えている。

○植物に関心をもって，大切にしようとしている。

関連する既習内容

学年	内容
3 年	身の回りの生物
4 年	季節と生物
5 年	植物の発芽，成長，結実

> **関連する既習内容**
> つまずいたときに，どこの単元にもどればよいかがわかります。

学習活動

小単元名	時数	学習活動	見方・考え方
○導入	1	○教科書 P.28，29 の写真を見て，植物の成長と日光との関係について話し合う。 ・5 年生の植物の発芽と成長の学習を振り返り，植物の発芽と養分，成長と日光との関係に興味・関心をもって話し合う。 ・植物の成長と日光との関わりについて問題を見つける。	共通性・多様性 関係付け
○成長と日光の関わり①	2	○日光と，葉にできる養分との関係を調べる。 ・日光とデンプンのでき方の関係について，根拠のある ・葉に日光が当たるとデンプンができるかどうかを調べる。 ・日光以外の条件を同じにして，日光とデンプンので 　を調べる。 ・デンプンの有無を，ヨウ素液を使って調べる。	
○成長と日光の関わり②	1	○実験の結果から考察し，わかりやすく整理する。 ・複数の実験の結果から，葉に日光が当たるかどうかと，葉にデンプンができるかどうかということを関係づけて考察する。 ・考察して導き出した結論をわかりやすくまとめる。 ・植物の葉に日光が当たると，デンプンができることを理解する。 ・半日の間，日光を当てなかった葉にはデンプンがなかったことから，葉でできた養分は植物の成長に使われることを理解する。	共通性・多様性 関係付け 多面的に考える
○確かめよう	1	○植物の成長と日光の関わりについて学んだことを生かして問題を解く。	共通性・多様性 多面的に考える

> **学習活動**
> 授業ごとの学習活動が明確になっているので，新教科書の授業で何をすればよいかがわかります。

新学習指導要領の ポ イ ン ト

Ⅰ　新学習指導要領の最大のポイント

　新学習指導要領では，全体を通して「何を学ぶか」に加えて「何ができるようになるか」が重視されています。身に付けた知識・技能を日常生活や学習場面で活用できる力を育てるということです。

　また，「なぜ学ぶのか」という学習の意義についても児童に確信を持たせることが必要とされています。それが主体的に学習に取り組む態度，学力につながり，最終的にはこれからの「予測が困難な時代」にも対応可能な「生きる力」を育てることになります。

Ⅱ　資質・能力の育成と主体的・対話的で深い学び

「生きる力」に不可欠な資質・能力の柱として以下の三つが明記されました。
　1．知識及び技能
　2．思考力，判断力，表現力等
　3．学びに向かう力，人間性等

　これらの「資質・能力」を育成するために，「主体的・対話的で深い学び」に向けた授業改善が必要とされています。

「主体的」とは児童が意欲をもって学習にあたること，「対話的」とは先生からの一方的な授業ではなく，自分の考えを発表し，ほかの児童の考えを聞いて自分の考えをより深めるなどの活動です。これらを通して，より深い学力，つまり生活の中で活用できる学力を身に付けるようにするということです。

Ⅲ　生活に生かす

　新学習指導要領には「日常生活」「生活に生かす」という言葉が多く出てきます。「なぜ学ぶのか」ということを児童が実感するためにも，学習内容と生活との関連を意識させ，学習への意欲をもつようにさせることが必要になります。「日常生活」や「生活に生かす」というキーワードを意識した授業が求められます。

Ⅳ　言語能力の育成

「教科横断的な視点に立った資質・能力の育成」という項目の中で，学習の基盤となる資質・能力として「情報活用能力」「問題発見・解決能力等」とあわせて「言語能力」が重視されています。国語ではもちろん，他の教科でも言語能力を育成するということになります。

　各教科内容の理解のためにも，「対話的」な学びを行うためにも，言語能力は必要です。具体的には，自分の考えをほかの人にもわかるように伝えることができるか，ほかの人の意見を理解することができるかを評価し，もし不十分であれば，それを指導，改善していくという授業が考えられます。「言語能力の育成」を意

識して，児童への発問やヒントをどう工夫するか，ということも必要になります。

V　評価の観点

　資質・能力の三つの柱に沿った以下の3観点とその内容で評価を行うことになります。

「知識・技能」	①個別の知識及び技能の習得
	②個別の知識及び技能を，既有の知識及び技能と関連付けたり活用する中で，概念等としての理解や技能の習得
「思考・判断・表現」	①知識及び技能を活用して課題を解決する等のために必要な思考力，判断力，表現力等
「主体的に学習に取り組む態度」	①知識及び技能を習得したり，思考力，表現力等を身に付けたりすることに向けた粘り強い取組
	②粘り強い取組の中での，自らの学習の調整

VI　カリキュラム・マネジメント

　3年と4年に「外国語活動」が，5年と6年には教科として「外国語」が導入され，それぞれ35単位時間増えて，3年と4年は35単位時間，5年と6年は70単位時間になります。また，「主体的・対話的な学び」を推進していくと，必要な授業時数が増えていくことも考えられます。

　このような時間を捻出するために，それぞれの学校で目標とする児童像を確認しながら，「総合的な学習の時間」を核として各教科を有機的につなげた教科横断的なカリキュラムを組むなどの方法が考えられます。このカリキュラムを目標達成の観点から点検，評価しつつ改善を重ねていくカリキュラム・マネジメントが必要になります。

VII　プログラミング学習

　小学校にプログラミング学習が導入されます。プログラミングそのものを学ぶのではなく，プログラミングの体験を通して論理的思考力を身に付けるための学習活動として位置づけられています。プログラミングそのものを学ぶのではありませんから，教師がプログラマーのような高度な知識や技術を持つ必要はありません。プログラミングの体験を通して，どのようにして児童の論理的思考力を育てていくかに注力することが必要です。

学習指導要領 理科改訂のポイント

(1)理科の教科目標と重視されたこと

新学習指導要領には，以下のように理科の教科目標がまとめられています。

理科の目標

自然に親しみ，理科の見方・考え方を働かせ，見通しをもって観察，実験を行うことなどを通して，自然の事物・現象についての問題を科学的に解決するために必要な資質・能力を次のとおり育成することを目指す。

(1)自然の事物・現象についての理解を図り，観察，実験などに関する基本的な技能を身に付けるようにする。

(2)観察，実験などを行い，問題解決の力を養う。

(3)自然を愛する心情や主体的に問題解決しようとする態度を養う。

今回の学習指導要領改訂で重視した点として，以下の2つが示されています。

ア　理科で育成を目指す資質・能力を育む観点から、自然に親しみ、見通しをもって観察、実験などを行い、その結果を基に考察し、結論を導きだすなどの問題解決活動の充実

イ　理科を学ぶことの意義や有用性の実感及び理科への関心を高める観点から、日常生活や社会との関連を重視

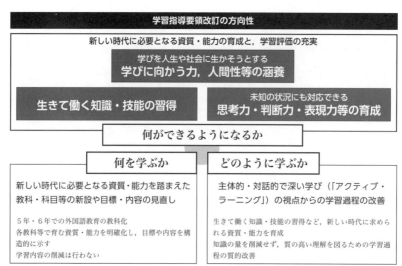

出典：文部科学省『新しい学習指導要領の考え方－中央教育審議会における議論から改訂そして実施へ－』より（一部改変）

(2)理科の見方・考え方

①理科の「見方」とは，各領域における問題解決の過程において，自然の事物・現象をどのような視点でとらえるかということであり，以下の4つが示されています。

- エネルギー領域　　量的・関係的な視点
- 粒子領域　　　　　質的，実体的な視点
- 生命領域　　　　　多様性と共通性の視点
- 地球領域　　　　　時間的・空間的な視点

　ただし，これらの視点は，各領域固有のものではなく，他の領域においても用いられるべき視点であることや，原因と結果，部分と全体などの視点もあることに留意しなければなりません。

②理科の「考え方」とは，問題解決の過程において，どのような考え方で思考していくかということであり，学年ごとに重視する考え方が示されています。

第3学年	「比較する」	複数の自然の事物・現象を対応させ比べる
第4学年	「関係づける」	自然の事物・現象を様々な視点から結びつける
第5学年	「条件を制御する」	自然の事物・現象に影響を与えると考えられる要因について，どの要因が影響を与えるかを調べる際に，変化させる要因と変化させない要因を区別する
第6学年	「多面的に考える」	自然の事物・現象を複数の側面から考える

　各学年で示された「考え方」だけを用いて思考するということではなく，下の学年の「考え方」は上の学年の「考え方」の基盤になることに留意しなければなりません。

(3)理科での主体的・対話的で深い学び

①主体的な学び

- 自然の事物・現象から問題を見いだし，見通しをもって観察，実験などを行う学び
- 学習活動をふり返って意味づけたり，得られた知識や技能を基に次の問題を発見したり，新たな視点で自然の事物・現象を捉えようとする学び

②対話的な学び

- 問題の設定や実験，観察の計画立案，結果の考察の場面などで，自ら考えて根拠をもって発表し，意見交換で自分の考えをより妥当なものにする学び

③深い学び

- 新たに獲得した知識・技能や見方・考え方を次の学習や日常場面での問題発見，解決で働かせることができる学び

指導要録改訂のポイント

I 指導要録の主な変更点

①全教科同じ観点に

「指導に関する記録」部分で，各教科の観点が全教科統一されました。

②評定の記入欄が，「各教科の学習の記録」部分へ

これまで評定の記入欄は独立していましたが，「評定が観点別学習状況の評価を総括したものであることを示すため」に「各教科の学習の記録」部分へ移動しました。

③外国語（5・6年）が「各教科の学習の記録」部分に追加

④「外国語活動の記録」部分が，5・6年から3・4年に変更

⑤「総合所見及び指導上参考となる諸事項」の記入スペースが小さく

教師の勤務負担軽減の観点から，「総合所見及び指導上参考となる諸事項」については，要点を箇条書きとするなど，その記載事項を必要最小限にとどめることになったためです。

また，「通級による指導に関して記載すべき事項が当該指導計画に記載されている場合には，その写しを指導要録の様式に添付することをもって指導要録への記入に変えることも可能」となりました。

⑥条件を満たせば，指導要録の様式を通知表の様式と共通のものにすることが可能

通知表の記載事項が，指導要録の「指導に関する記録」に記載する事項をすべて満たす場合には，設置者の判断により，指導要録の様式を通知表の様式と共通のものとすることが可能であるとなっています。

II 新指導要録記入上の留意点

①教科横断的な視点で育成を目指すこととされた資質・能力の評価

「言語能力」「情報活用能力」「問題発見・解決能力」などの教科横断的な視点で育成を目指すこととされた資質・能力の評価は，各教科等における観点別学習状況の評価に反映することになります。

②「特別の教科　道徳」の評価（これまでと変更なし）

・数値による評価ではなく，記述式で行う

・個々の内容項目ごとではなく，多くくりなまとまりを踏まえた評価を行う

・他の児童との比較による評価ではなく，児童がいかに成長したかを積極的に受け止めて認め，励ます個人内評価とする　　など

③外国語活動（3・4年）の評価

観点別に設けられていた文章記述欄が簡素化されました。評価の観点に即して，児童の学習状況に顕著な事項がその特徴を記入する等，児童にどのような力が身に付いたかを文章で端的に記述します。

Ⅲ 新小学校児童指導要録（参考様式）の「指導に関する記録」部分

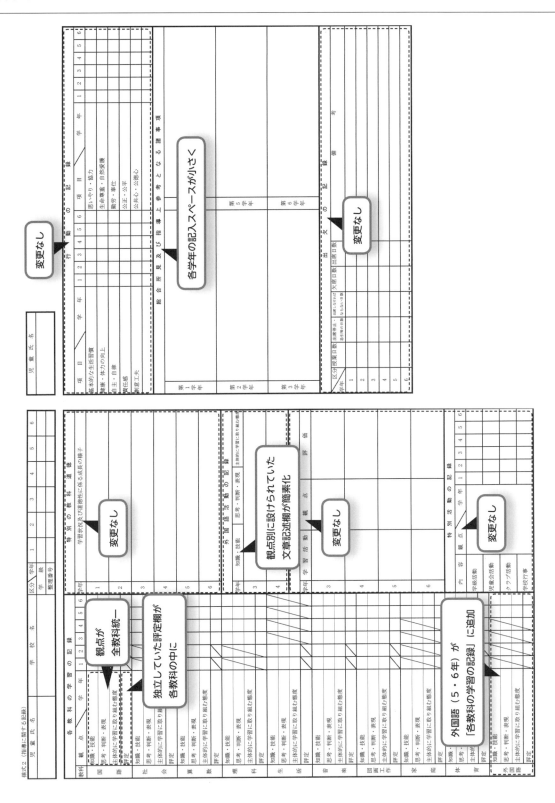

各教科の評価の 観 点 と 領 域

Ⅰ　2020年度からの評価の観点

　新学習指導要領では，すべての教科等で教育目標や内容が資質・能力の三つの柱「知識及び技能」「思考力，判断力，表現力等」「学びに向かう力，人間性等」に沿って再整理されました。

　この教育目標や内容の再整理を踏まえて，観点別評価については，すべての教科で「知識・技能」「思考・判断・表現」「主体的に学習に取り組む態度」の3観点で行うことになります。

Ⅱ　各観点で評価する内容

①知識・技能

　・知識及び技能の習得状況

　・習得した知識及び技能を既有の知識及び技能と関連付けたり活用したりする中で，他の学習や生活の場面でも活用できる程度に概念等を理解したり，技能を習得したりしているかどうか

②思考・判断・表現

　・知識及び技能を活用して課題を解決する等のために必要な思考力，判断力，判断力等を身に付けているかどうか

③主体的に学習に取り組む態度

　・知識及び技能を獲得したり，思考力・判断力，表現力等を身に付けたりするために，自らの学習状況を調整しながら，学ぼうとしているかどうかという意志的な側面

Ⅲ　各観点での評価の方法

①知識・技能

　・知識や技能の習得だけを評価するのではなく，概念的な理解ができているかという視点でも評価を行います。

②思考・判断・表現

　・ペーパーテストだけではなく，論述やレポートの作成，発表，グループや学級における話し合い，作品の制作や表現等の多様な活動の中での評価，それらを集めたポートフォリオを活用したりするなどの評価方法を工夫する必要があります。

③主体的に学習に取り組む態度

　・ノートの記述，授業中の発言や行動，児童による自己評価や相互評価等を，評価の際に考慮する材料の一つとして用いることが考えられます。その際，児童の発達の段階や一人一人の個性を十分に考慮しながら，「知識・技能」や「思考・判断・表現」の観点の状況も踏まえた上で，評価を行う必要があります。

Ⅳ　学習指導要領における内容の表示

　国語と外国語は，観点別，領域別に内容を表示し，算数と理科は領域別に，社会については観点別，領域別に分けず，単純に学年別に内容を表示しています。これらの違いは教科性によるものです。これは，資質・能力の育成を目指して「目標に準拠した評価」をさらに進めるためでもあります。

Ⅴ　各教科の観点と領域

観点

教科	～2019年度	2020年度～
国語	国語への関心・意欲・態度	知識・技能
	話す・聞く能力	思考・判断・表現
	書く能力	主体的に学習に取り組む態度
	読む能力	
	言語についての知識・理解・技能	
算数	算数への関心・意欲・態度	知識・技能
	数学的な考え方	思考・判断・表現
	数量や図形についての技能	主体的に学習に取り組む態度
	数量や図形についての知識・理解	
理科	自然事象への関心・意欲・態度	知識・技能
	科学的な思考・表現	思考・判断・表現
	観察・実験の技能	主体的に学習に取り組む態度
	自然事象についての知識・理解	
社会	社会的事象への関心・意欲・態度	知識・技能
	社会的な思考・判断・表現	思考・判断・表現
	観察・資料活用の技能	主体的に学習に取り組む態度
	社会的事象についての知識・理解	
外国語（英語）		知識・技能
		思考・判断・表現
		主体的に学習に取り組む態度

領域

教科	～2019年度	2020年度～
国語	A　話すこと・聞くこと	A　話すこと・聞くこと
	B　書くこと	B　書くこと
	C　読むこと	C　読むこと
	伝統的な言語文化と国語の特質に関する事項	
算数	A　数と計算	A　数と計算
	B　量と測定	B　図形
	C　図形	C　測定（1～3年）／変化と関係（4～6年）
	D　数量関係	D　データの活用
理科	A　物資・エネルギー	A　物質・エネルギー
	B　生命・地球	B　生命・地球
社会		
外国語（英語）		聞くこと
		読むこと
		話すこと（やり取り）
		話すこと（発表）
		書くこと

単元一覧表　学図3年

3学期制	2学期制	月	単元名
1学期	前期	4	1. しぜんのかんさつ
		5	2. 植物を育てよう　●たねをまこう
			3. かげと太陽
		6	●ぐんぐんのびろ
			4. チョウを育てよう
		7	●花がさいた
			●わたしの自由研究
2学期		9	5. こん虫を調べよう
			●実ができるころ
			6. 音をつたえよう
	後期	10	7. 光を調べよう
			8. 風のはたらき
		11	9. ゴムのはたらき
		12	10. 明かりをつけよう
3学期		1	12. しゃくのひみつ
		2	13. ものの重さを調べよう
		3	科学者のでん記を読もう

学図4年

3学期制	2学期制	月	単元名
1学期	前期	4	1. 季節と生き物の様子　●あたたかくなって
		5	2. 1日の気温と天気
			3. 空気と水
		6	4. 電気のはたらき
			5. 雨水の流れ
		7	●暑い季節
			●夏の星
			●わたしの自由研究
2学期		9	6. 月と星
			●すずしくなると
	後期	10	7. 自然の中の水
			8. 水の3つのすがた
		11	
		12	9. ものの体積と温度
3学期		1	●冬の星
			科学者の伝記を読もう
			●寒さの中でも
		2	10. ものの温まり方
		3	11. 人の体のつくりと運動

学図 5 年

3学期制	2学期制	月	単元名
1学期	前期	4	1. ふりこの運動
		5	2. 種子の発芽と成長
		6	3. 魚のたんじょう
		7	●台風の接近
			●わたしの自由研究
2学期		9	4. 実や種子のでき方
	後期	10	5. 雲と天気の変化
			6. 流れる水のはたらき / ●川と災害
		11	7. 電流のはたらき
		12	
3学期		1	●冬から春へ
			8. もののとけ方
		2	学者の伝記を読もう
		3	9. 人のたんじょう

学図 6 年

3学期制	2学期制	月	単元名
1学期	前期	4	1. ものの燃え方と空気
		5	
		6	2. 人や動物の体
			3. 植物の養分と水
		7	4. 生物のくらしと環境
			●わたしの自由研究
2学期		9	5. てこのしくみとはたらき
		10	6. 月の形と太陽
	後期		7. 大地のつくりと変化
		11	●火山の噴火と地震
			8. 水溶液の性質
		12	科学者の伝記を読もう
3学期		1	9. 電気と私たちの生活
		2	10. 人と環境
		3	

小学校 教科書単元別

到達目標と評価規準

理科
学 3-6年

| 3年 | 学図 | 教科書：p.6〜15　配当時数：4時間　配当月：4月 |

● しぜんのかんさつ1

1. しぜんのかんさつ

内容の区分　B 生命・地球

関連する道徳の内容項目　D 生命の尊さ／自然愛護

到達目標

>> 知識・技能

○生物の姿は，色，形，大きさなど，違うところと似ているところがあることがわかる。

○虫眼鏡の使い方や記録用紙のかき方がわかる。

○野外での観察方法を知り，安全に心がけて活動することができる。

>> 思考・判断・表現

○校庭などの植物や動物を観察して，気づいたことをわかりやすく発表できる。

>> 主体的に学習に取り組む態度　※「主体的に学習に取り組む態度」は方向目標を示しています。

○校庭などの植物や動物のようすに関心をもち，粘り強く観察しようとする。

評価規準

>> 知識・技能

○生物には，いろいろな色や形，大きさがあることを理解している。

○生物には，その姿に差異点と共通点があることを理解している。

○屋外で植物や動物を安全に観察している。

○虫眼鏡を正しく安全に使っている。

○色，形，大きさなどに着目して観察した結果を，記録用紙などに的確に記録している。

●対応する学習指導要領の項目：B(1) ア (ア)

>> 思考・判断・表現

○校庭などの植物や動物のようすを観察して，気づいたことを発表している。

○身の回りのいろいろな生物の色，形，大きさなどについて，差異点と共通点を言葉でわかりやすくまとめている。

●対応する学習指導要領の項目：B(1) イ

>> 主体的に学習に取り組む態度

○校庭などの生物のようすに関心をもって，積極的に観察しようとしている。

○生物に関心をもって，大切にしようとしている。

学習活動

小単元名	時数	学習活動	見方・考え方
1. 身の回りの生き物	4	○身の回りの生き物のようすについて調べる。 ・春の校庭や野原で植物や動物を探し，どこでどんな生き物を見つけたかなどを話し合って問題を見つける。 ・見つけた生き物のどのような点に着目して比べればよいかということと，記録用紙のかき方について話し合う。 ・春の校庭や野原で植物や動物を探し，色，形，大きさに着目して観察する。 ・虫眼鏡の正しい使い方を理解する。 ・観察した生き物の記録を植物と動物で分けたり，大きさや色などで分けたりするなどしてまとめる。 ・生き物は，色，形，大きさなどの姿に，違いがあることを導き出す。	共通性・多様性　比較

| 3年 | 学図 | 教科書：p.16〜23　配当時数：3時間　配当月：5月 |

● しぜんのかんさつ2

2. 植物を育てよう（たねをまこう）

内容の区分　B 生命・地球

関連する道徳の内容項目　D 生命の尊さ／自然愛護

到達目標

≫知識・技能

○様々な植物の種子や子葉のようすを観察し，植物によって違いがあることがわかる。

○育てている植物を観察して，その成長のようすをわかりやすく記録することができる。

○植物の子葉の特徴をとらえ，図と言葉でわかりやすく記録することができる。

≫思考・判断・表現

○様々な植物の種子を観察して，気づいたことをわかりやすく発表できる。

○育てている植物を観察して，前に観察したときと比べて違っていることを見いだし，説明することができる。

≫主体的に学習に取り組む態度　※「主体的に学習に取り組む態度」は方向目標を示しています。

○育てている植物の成長に関心をもち，粘り強く世話をしようとする。

評価規準

≫知識・技能

○植物の種子や子葉には，色や形，大きさに違いがあることを理解している。

○育てている植物への水やりなど，適切に植物の世話をしている。

○植物の色，形，大きさ，数などに着目して観察した結果を，記録用紙などに的確に記録している。

→ 対応する学習指導要領の項目：B(1) ア (ア)(ウ)

≫思考・判断・表現

○様々な植物の種子のようすを観察して，気づいたことを発表している。

○育てている植物の成長のようすについて調べ，前に観察したときと比べて違っていることを見いだし，図や言葉でわかりやすくまとめている。

→ 対応する学習指導要領の項目：B(1) イ

≫主体的に学習に取り組む態度

○育てている植物の成長のようすに関心をもって，積極的に観察しようとしている。

○植物に関心をもって，大切にしようとしている。

関連する既習内容

学年	内容
3 年	身の回りの生物 (身の回りの生物と環境との関わり)

学習活動

小単元名	時数	学習活動	見方・考え方
1. たねをまこう①	1	○ホウセンカやヒマワリのたねをまいて，観察計画を立てる。 ・ホウセンカやヒマワリのたねの色，形，大きさなどに着目して観察して比べ，問題を見つける。 ・生活科で育てたアサガオなどのようすを振り返り，植物がどのように育っていくのかということに関心をもつ。 ・ホウセンカやヒマワリのたねのようすを記録用紙にかく。 ・ホウセンカやヒマワリをこれからどのように育てるのかということと，観察方法などの計画を立てる。 ・たねのまき方を事前に確認し，ホウセンカやヒマワリに合った方法でたねをまく。	共通性・多様性　比較
1. たねをまこう②	2	○ホウセンカやヒマワリの育ち方を，比較しながら調べる。 ・発芽時のようすを観察する。 ・子葉について理解し，子葉の数や色，形などを記録する。 ・葉が出てきたようすを観察する。 ・葉の色，形，大きさ，数，草丈，手触りなどを調べ，記録用紙に記入する。 ・2回目以降の観察からは，前回の観察記録と比較した内容も記録する。	共通性・多様性　比較

| 3年 | 学図 |

教科書：p.24〜39　配当時数：8時間　配当月：5〜6月

3. かげと太陽

| 内容の区分 | B 生命・地球 |

| 関連する道徳の内容項目 | C 勤労，公共の精神／伝統と文化の尊重，国や郷土を愛する態度 |

到達目標

》知識・技能

○かげは日光を遮るとできることと，かげの位置は太陽の位置の変化に伴って変わることがわかる。

○太陽の位置が東の方から南の空を通って西の方へ変化することがわかる。

○日なたの地面の温度が日陰の地面に比べて高くなるのは，日光で地面があたためられるからだということがわかる。

○方位磁針や温度計などを正しく扱うことができる。

○方位磁針を使って東西南北の方位を調べ，太陽の1日の位置の変化をとらえることができる。

○日なたと日陰の地面の温度について，正確に記録することができる。

》思考・判断・表現

○日なたと日陰の地面の温度の違いを日光と関係づけて考察し，その考察した内容をわかりやすく表現することができる。

○かげの位置の変化を観察し，かげの位置の変化を太陽の位置の変化と関係づけてとらえることができる。

》主体的に学習に取り組む態度　※「主体的に学習に取り組む態度」は方向目標を示しています。

○かげと太陽の位置の変化について粘り強く追究する活動を通して，かげの位置の変化には太陽の位置の変化が関係していることを知り，まとめようとする。

評価規準

》知識・技能

○人や物が日光を遮るとかげができることと，かげは太陽の反対側にできることを理解している。

○太陽は，東の方からのぼって南の空を通って西の方へ沈むことを理解している。

○かげの位置は太陽の位置の変化に伴って変わることを理解している。

○方位磁針を使って太陽の位置を調べ，正確に記録している。

○温度計を使って，日なたと日陰の地面の温度を正確に測っている。

○日光で地面があたためられ，日なたの地面の温度が日陰の地面に比べて高くなることを理解している。

● 対応する学習指導要領の項目：B (2) ア (ア)(イ)

》思考・判断・表現

○かげ遊びをして気づいたことから，問題を見つけている。

○日なたと日陰の地面の温度の違いと日光との関係について，これまでの経験などから予想を立てている。

○友だちの意見を聞いて，自分の予想の妥当性について考えている。

○予想を確かめるための観察を計画している。

○太陽の位置とかげの位置との関係，日光と地面のあたたかさとの関係について考察し，それを言葉でわかりやすく表現している。

○観察の結果から，かげの位置が変わるのは太陽の位置が変わるからであると考え，自分の言葉で表現している。

● 対応する学習指導要領の項目：B (2) イ

≫主体的に学習に取り組む態度

○日なたと日陰の地面の温度の違いと日光との関係について問題を見つけ，自分なりの予想を立てて観察している。

○太陽と地面のようすの学習で，わかったこととまだわからないこと，できるようになったこととまだできないことが何かを，自分で考えている。

学習活動

小単元名	時数	学習活動	見方・考え方
1. かげのでき方を調べよう	2	○かげのでき方を調べる。 ・校庭でかげ遊びをして，かげのでき方やかげのできる向きに着目して話し合い，問題を見つける。 ・かげの向きと太陽の見える方向について予想する。 ・晴れた日の校庭で，遮光板を使ってかげの向きと太陽の見える方向を調べる。 ・太陽の光を日光ということを理解する。 ・かげは，日光を人や物が遮ると太陽の反対側にできることを理解する。 ・人や物などのかげは，同じ向きにできることを理解する。	時間的・空間的 関係付け
2. かげの動きと太陽	3	○時間の経過による，かげの動きと太陽の動きを調べる。 ・校舎など，動かないもののかげをなぞってしるしをつけ，1時間後のかげを調べる。 ・校舎など，動かないもののかげが動いていたことから，問題を見つける。 ・かげが，時間の経過とともに動いているのはなぜか予想する。 ・方位磁針の正しい使い方を理解する。 ・午前，正午，午後の3回，かげと太陽の向きをそれぞれ調べ，記録する。 ・かげと太陽の向きを調べた結果から考察する。 ・時間の経過とともにかげが動くのは，太陽が動いているからだということを導き出す。 ・太陽は，東の方からのぼり，南の高い空を通って西の方へ沈むことを理解する。	時間的・空間的　比較 関係付け
3. 日光のはたらき	2	○日なたと日陰の地面を比べる。 ・校庭に出て，日なたと日陰の地面に手を当てて，あたたかさや湿り具合について比べ，問題を見つける。 ・晴れた日の午前9時頃と正午頃に，温度計を使って日なたと日陰の地面の温度を測る。 ・棒温度計での地面の温度の測り方を理解する。 ・日なたと日陰の地面の温度を測って比較することで，日なたの方が日陰よりも地面の温度が高いことを理解する。 ・地面は，日光であたためられているということを理解する。	時間的・空間的　比較 関係付け
○まとめてみよう	1	○太陽と地面のようすについて学んだことを生かして問題を解く。	時間的・空間的 多面的に考える

| 3年 | 学図 |

教科書：p.40〜45　配当時数：3時間　配当月：6月

● しぜんのかんさつ2

2. 植物を育てよう（ぐんぐんのびろ）

内容の区分　B 生命・地球

関連する道徳の内容項目　D 生命の尊さ／自然愛護

到達目標

≫知識・技能

○育てている植物を観察して，その成長のようすをわかりやすく記録することができる。

○2種類の植物の成長のようすを観察し，植物によって葉の形や大きさなどに違いがあることがわかる。

○植物の栽培を通して，植物の体のつくりは根，茎，葉からできていることがわかる。

≫思考・判断・表現

○2種類の植物の成長のようすを観察して，気づいたことをわかりやすく発表できる。

○育てている植物を観察して，前に観察したときと比べて違っていることを見いだし，説明することができる。

≫主体的に学習に取り組む態度　※「主体的に学習に取り組む態度」は方向目標を示しています。

○育てている植物の成長に関心をもち，粘り強く世話をしようとする。

評価規準

≫知識・技能

○植物は，葉の色や形，草丈などに違いがあることを理解している。

○植物の体は根，茎，葉からできていて，根は地中にあり，葉は茎についていることを理解している。

○育てている植物への水やりなど，適切に植物の世話をしている。

○植物の成長のようすをわかりやすく記録している。

○植物の色，形，大きさ，数などに着目して観察した結果を，記録用紙などに的確に記録している。

●━ 対応する学習指導要領の項目：B(1) ア (ア)(ウ)

≫思考・判断・表現

○植物の体のつくりの差異点と共通点に気づき，それを適切に表現している。

○2種類の植物の成長のようすを観察して，気づいたことを発表している。

○育てている植物の成長のようすについて調べ，前に観察したときと比べて違っていることを見いだし，図や言葉でわかりやすくまとめている。

●━ 対応する学習指導要領の項目：B(1) イ

≫主体的に学習に取り組む態度

○育てている植物の成長のようすに関心をもって，積極的に観察しようとしている。

○植物に関心をもって，大切にしようとしている。

関連する既習内容

学年	内容
3 年	身の回りの生物 (身の回りの生物と環境との関わり，植物の成長と体のつくり)

学習活動

小単元名	時数	学習活動	見方・考え方
2. ぐんぐんのびろ①	1	○2種類の植物の育ち方を観察する。 ・前回の観察のときのようすと比べながら観察し，話し合う。 ・ホウセンカとヒマワリの育ち方を，比較しながら観察する。 ・植物がどのように育ったかを，葉の色，形，大きさ，数，草丈，手触りなどに着目して記録用紙に記入する。	共通性・多様性　比較
2. ぐんぐんのびろ②	2	○植物の体のつくりを調べる。 ・ホウセンカをポットから花だんに植え替えるとき，根の部分を観察したり，体のつくりを調べたりする。 ・ホウセンカの体のつくりが，根，茎，葉からできていることから，問題を見つける。 ・ほかの植物でも，体のつくりを調べる。 ・どの植物も，体のつくりは葉・茎・根からできていることを理解する。	共通性・多様性　比較

| 3年 | 学図 | 教科書：p.46～65　配当時数：8時間　配当月：6～7月 |

● しぜんのかんさつ3

4. チョウを育てよう

内容の区分　B 生命・地球

関連する道徳の内容項目　C 勤労，公共の精神／伝統と文化の尊重，国や郷土を愛する態度　D 生命の尊さ／自然愛護

到達目標

》知識・技能

○チョウの育ち方を観察し，成長の変化をわかりやすく記録することができる。

○チョウとコオロギやトンボの育ち方の差異点と共通点がわかる。

○チョウの体のつくりの特徴をとらえ，図と言葉でわかりやすく記録することができる。

》思考・判断・表現

○チョウの育ち方を観察して，前に観察したときと比べて違っていることを見いだし，説明することができる。

○チョウとコオロギやトンボの育ち方を比べ，その差異点と共通点を導き出すことができる。

》主体的に学習に取り組む態度　※「主体的に学習に取り組む態度」は方向目標を示しています。

○育てている昆虫の育ち方に関心をもち，粘り強く世話をしようとする。

評価規準

》知識・技能

○チョウの成長のようすを正確に記録している。

○チョウとコオロギやトンボの育ち方の差異点と共通点を理解している。

○昆虫の育て方などを調べ，適切に世話をしている。

○チョウの体のつくりについて観察した結果を，記録用紙などに的確に記録している。

○チョウの体のつくりについて理解している。

●対応する学習指導要領の項目：B(1) ア (ア)(イ)

》思考・判断・表現

○育てている昆虫の成長のようすについて調べ，前に観察したときと比べて違っていることを見いだし，図や言葉でわかり
やすくまとめている。

○チョウとコオロギやトンボの育ち方を比べ，その差異点と共通点を言葉でわかりやすくまとめている。

○チョウの体のつくりを調べ，気づいたことを発表している。

●対応する学習指導要領の項目：B(1) イ

》主体的に学習に取り組む態度

○昆虫の育ち方について関心をもち，積極的に飼育，観察をしようとしている。

○昆虫に関心をもって，大切にしようとしている。

関連する既習内容

学年	内容
3 年	身の回りの生物 (身の回りの生物と環境との関わり)

学習活動

小単元名	時数	学習活動	見方・考え方
1. チョウを育てよう①	4	○チョウの育ち方を調べる。 ・キャベツなどのアブラナ科の植物に産卵中のモンシロチョウを見て，気づいたことを話し合い，問題を見つける。 ・チョウの飼育方法を調べる。 ・キャベツなどに産みつけられたチョウのたまごを葉ごと取ってくる。 ・チョウのたまごが孵化してから成虫になるまで，世話をしながら観察をする。 ・チョウのたまごや幼虫のようすを，色，形，大きさに着目して調べ，記録用紙に記入する。 ・2回目以降の観察からは，前回の観察記録と比較した内容も記録する。 ・観察結果から，チョウは，たまご→幼虫→さなぎ→成虫の順に育っていくことを理解する。	共通性・多様性　比較
1. チョウを育てよう②	2	○昆虫の育ち方を調べる。 ・チョウの育ち方を調べた結果から，問題を見つける。 ・コオロギやトンボの飼育方法を調べ，飼育する。 ・コオロギやトンボの幼虫を飼育して観察し，記録する。 ・チョウとコオロギやトンボの育ち方を比べ，その差異点と共通点をまとめる。 ・観察結果から，コオロギやトンボは，たまご→幼虫→成虫の順に育つことを理解する。 ・チョウと違って，コオロギやトンボは，さなぎにならずに成虫になることを理解する。	共通性・多様性　比較
2. チョウのからだを調べよう	1	○チョウの体のつくりを調べる。 ・成長したチョウの体のつくりについて調べる。 ・チョウの体は，頭・胸・腹に分かれていることを理解する。 ・チョウの胸には，6本のあしがついていることを理解する。 ・チョウのように，体が頭・胸・腹の3つの部分に分かれ，胸に6本のあしがある虫を昆虫ということを理解する。	共通性・多様性　比較
○まとめてみよう／○こん虫の育ち方を調べよう	1	○チョウの育ち方や体のつくりについて学んだことを生かして問題を解く。 ・身の回りの昆虫の育ち方を調べ，完全変態と不完全変態に仲間分けする。	共通性・多様性　比較 多面的に考える

| 3年 | 学図 | 教科書：p.66〜67　配当時数：2時間　配当月：7月 |

● しぜんのかんさつ2

2. 植物を育てよう（花がさいた）

内容の区分　B 生命・地球

関連する道徳の内容項目　D 生命の尊さ／自然愛護

到達目標

》知識・技能

○植物の種類によって，茎の伸び方，花の色，葉の形や大きさなどが違っていることがわかる。

○育てている植物への水やりなど，継続して世話ができる。

○育ててきた植物が成長し，葉が増え，茎が伸びて，花が咲いているようすを記録することができる。

》思考・判断・表現

○2種類の植物の成長のようすを観察して，気づいたことをわかりやすく発表できる。

○育てている植物を観察して，前に観察したときと比べて違っていることを見い出し，説明することができる。

》主体的に学習に取り組む態度　※「主体的に学習に取り組む態度」は方向目標を示しています。

○育てている植物の成長に関心をもち，花が咲いたことを喜び，粘り強く世話をしようとする。

評価規準

》知識・技能

○植物の高さや花の色，葉の形などは，植物によって違っていることを理解している。

○植物の高さや葉の数，花の色などを正確に記録している。

○育てている植物への水やりなど，適切に植物の世話をしている。

○植物の成長のようすをわかりやすく記録用紙に記入している。

● 対応する学習指導要領の項目：B(1) ア (ア)(ウ)

》思考・判断・表現

○2種類の植物を観察し，その姿や花を比較し，その違いについて表現している。

○2種類の植物の成長のようすや花を観察して，気づいたことを発表している。

○育てている植物の成長のようすについて調べ，前に観察したときと比べて違っていることを見いだし，図や言葉でわかりやすくまとめている。

● 対応する学習指導要領の項目：B(1) イ

》主体的に学習に取り組む態度

○育てている植物の成長のようすに関心をもって，積極的に観察しようとしている。

○草丈の高いヒマワリなどは，棒を使うなどくふうして高さをはかろうとしている。

○植物に関心をもって，大切にしようとしている。

関連する既習内容

学年	内容
3 年	身の回りの生物 (身の回りの生物と環境との関わり，植物の成長と体のつくり)

学習活動

小単元名	時数	学習活動	見方・考え方
3. 花がさいた	2	○2種類の植物の成長のようすや花を観察する。 ・前回の観察のときのようすと比べながら観察し，話し合う。 ・2種類の植物の育ち方を，比較しながら観察する。 ・つぼみや花を，色，形，大きさなどに着目して観察し，記録用紙に記入する。 ・植物がどのように育ったかを，葉の色，形，大きさ，数，草丈，茎の太さ，手触りなどに着目して記録用紙に記入する。	共通性・多様性　比較

| 3年 | 学図 |

教科書：p.70〜77　配当時数：3時間　配当月：9月

● しぜんのかんさつ4

5. こん虫を調べよう

内容の区分　B 生命・地球

関連する道徳の内容項目　D 生命の尊さ／自然愛護

到達目標

≫知識・技能

○昆虫などの動物は，食べ物がある場所やすみかとなる場所などに多くいることがわかる。

○昆虫などの動物を見つけた場所やそのようすなどについて，正確に記録することができる。

○昆虫の体のつくりの特徴がわかる。

≫思考・判断・表現

○動物のいる場所や動物のようすを観察して，気づいたことをわかりやすく発表できる。

○昆虫などの動物がいる場所とその動物の食べ物や生活との関係について考えることができる。

○昆虫の体のつくりを観察して，気づいたことをわかりやすく発表できる。

≫主体的に学習に取り組む態度　※「主体的に学習に取り組む態度」は方向目標を示しています。

○昆虫などの動物のようすや動物のいる場所に関心をもち，粘り強く調べようとする。

○育てている昆虫の育ち方に関心をもち，粘り強く世話をしようとする。

評価規準

≫知識・技能

○動物は，食べ物があったり隠れることができたりする場所にいることが多いことを理解している。

○動物のいる場所と活動のようすについて観察した結果を，記録用紙などに的確に記録している。

○昆虫などの動物は，草むらや石の下などをすみかにして，周りの自然と関わり合って生きていることを理解している。

○昆虫の体のつくりについて理解している。

➤ 対応する学習指導要領の項目：B(1) ア (ア)(イ)

≫思考・判断・表現

○動物のいる場所と活動のようすとの関係について考察し，わかりやすく説明している。

○食べ物や活動のようすなどから，見つけた動物がなぜそこにいたかを考え，まとめている。

➤ 対応する学習指導要領の項目：B(1) イ

≫主体的に学習に取り組む態度

○動物のいる場所と活動のようすとの関係について関心をもち，積極的に観察をしようとしている。

○動物に関心をもって，大切にしようとしている。

関連する既習内容

学年	内容
3 年	身の回りの生物 (身の回りの生物と環境との関わり，昆虫の成長と体のつくり)

学習活動

小単元名	時数	学習活動	見方・考え方
1. 生き物の様子を調べよう	2	○秋の頃の校庭や野原にいる生き物のようすや，見られる場所を調べる。 ・校庭や野原で，生き物のいる場所に着目しながら観察する。 ・見つけた昆虫などの生き物の飼育方法を調べ，飼う。 ・校庭や野原で生き物を見つけたときのようすを振り返って，生き物がどのような場所で何を食べていたのかを考察する。 ・昆虫などの生き物は，食べ物のある場所やすみかになる場所などに多くいることを理解する。 ・生き物は，草むらや石の下などで生活し，周りの自然と関わり合って生きていることを理解する。	共通性・多様性　比較 関係付け
2. こん虫のからだのつくり／○まとめてみよう	1	○昆虫の体のつくりを調べる。 ・バッタやトンボなどいろいろな生き物の体のつくりを，チョウと比べながら調べる。 ・バッタやトンボは，モンシロチョウと同じ体のつくりであることを理解する。 ・昆虫の成虫は，体が頭・胸・腹の3つの部分に分かれ，胸に6本のあしがあることを理解する。 ・体のつくりが異なるダンゴムシやクモは，昆虫ではないことを理解する。 ・カブトムシやコオロギなどいろいろな昆虫を飼い，体のつくりを調べる。 ・生き物のようすや昆虫の体のつくりについて学んだことを生かして問題を解く。	共通性・多様性　比較 多面的に考える

| 3年 | 学図 |

教科書：p.78〜81　配当時数：2時間　配当月：9月

● しぜんのかんさつ2

2. 植物を育てよう（実ができるころ）

内容の区分　B 生命・地球

関連する道徳の内容項目　D 生命の尊さ／自然愛護

到達目標

知識・技能

○植物は，花が咲いた後に実ができることがわかる。

○植物の種子をまいてから実がなるまでの，観察記録を整理することができる。

思考・判断・表現

○2種類の植物のようすを観察して，気づいたことをわかりやすく発表できる。

○育てている植物を観察して，前に観察したときと比べて違っていることを見いだし，説明することができる。

○2種類の植物の成長の記録を整理し，比較して差異点や共通点をまとめることができる。

主体的に学習に取り組む態度　※「主体的に学習に取り組む態度」は方向目標を示しています。

○4月から育ててきた植物のようすに関心をもち，その育ち方を整理して粘り強くまとめようとする。

○4月から育ててきた植物を最後まで愛情をもって世話をしようとする。

評価規準

知識・技能

○植物は花が咲いた後に実ができ，枯れていくことを理解している。

○花が咲いた後の植物の変化や実のようすを正確に記録している。

○育てている植物への水やりなど，適切に植物の世話をしている。

○植物の成長のようすを，わかりやすく記録用紙に記入している。

○4月から記録してきた記録用紙を，植物の育ち方にそって整理している。

⬤━ 対応する学習指導要領の項目：B(1) ア (ア)(ウ)

思考・判断・表現

○2種類の植物の成長のようすが比較できるように，草丈をはかったテープを模造紙に貼ってまとめている。

○2種類の植物を観察し，実や枯れた姿を比較して違いについて表現している。

○2種類の植物のようすや実を観察して，気づいたことを発表している。

○育てている植物のようすを調べ，前に観察したときと比べて違っていることを図や言葉でわかりやすくまとめている。

⬤━ 対応する学習指導要領の項目：B(1) イ

主体的に学習に取り組む態度

○花が咲いた後の植物のようすに関心をもって，積極的に観察しようとしている。

○植物に関心をもって，大切にしようとしている。

関連する既習内容

学年	内容
3 年	身の回りの生物 (身の回りの生物と環境との関わり, 植物の成長と体のつくり)

学習活動

小単元名	時数	学習活動	見方・考え方
4. 実ができるころ①	1	○2 種類の植物のようすを観察する。 ・花が咲いていた頃と比べてどのように変化したのか観察し, 気づいたことを話し合う。 ・2 種類の植物のようすを, 比較しながら観察する。 ・実のようすを観察し, 記録用紙に記入する。 ・葉の色, 形, 大きさ, 数, 草丈, 茎の太さなどに着目して記録用紙に記入する。 ・枯れた植物の根を地中から掘り起こして, 根のようすを春の頃と比較しながら観察する。	共通性・多様性　比較
4. 実ができるころ②	1	○4 月から育てて観察してきた 2 種類の植物の育ち方をまとめる。 ・植物ごとに, 育ってきた順に記録用紙を並べて整理する。 ・植物の育ち方には一定の順序があることを理解する。 ・植物は, たね→発芽・子葉→葉が茂る→開花→結実→枯れるという順序で育つことをまとめる。	共通性・多様性　比較

| 3年 | 学図 | 教科書：p.82〜91　配当時数：6時間　配当月：9〜10月 |

6. 音をつたえよう

内容の区分 A 物質・エネルギー

関連する道徳の内容項目 C 勤労，公共の精神／伝統と文化の尊重，国や郷土を愛する態度　D 生命の尊さ

到達目標

≫知識・技能

○音が出ているときは物が震えていることがわかる。

○音の大きさが変化すると物の震え方が変わることがわかる。

○音の大きさと物の震え方との関係を調べる実験を，安全に行うことができる。

○音の大きさを変えたときの物の震え方のようすの違いを，正確に記録することができる。

≫思考・判断・表現

○音の大きさを変化させたときの物の震えるようすについて，これまでに学習したことなどから予想を立てることができる。

○予想を確かめるための実験計画を立てることができる。

○音の大きさと物の震え方のようすを関係づけてとらえ，その関係を表を使ってわかりやすくまとめることができる。

≫主体的に学習に取り組む態度　※「主体的に学習に取り組む態度」は方向目標を示しています。

○音の性質について粘り強く追究する活動を通して，物の震え方の変化には音の大きさが関係していることを知り，まとめようとする。

評価規準

≫知識・技能

○物が震えることで音が伝わることを理解している。

○音が大きいときは物の震え方が大きく，音が小さいときは物の震え方が小さいことを理解している。

○楽器や身の回りの物を正しく扱い，音を出す実験を安全に行っている。

●対応する学習指導要領の項目：A(3) ア (ウ)

≫思考・判断・表現

○楽器や身の回りの物で音を出して，問題を見つけている。

○音の大きさと物が震えるようすとの関係について，音楽の授業で太鼓を使ったときの経験などから予想を立てている。

○音の大きさと物が震えるようすとの関係を表に整理して，わかりやすく説明している。

○友だちの意見を聞いて，自分の予想の妥当性について考えている。

○予想を確かめるための実験を計画している。

○音の大きさを変える実験結果から，音の大きさを変えると物の震え方も変わることを導き出している。

●対応する学習指導要領の項目：A(3) イ

≫主体的に学習に取り組む態度

○音の大きさと物が震えるようすとの関係を調べる実験計画について，友だちとの話し合いを通して自らの考えを見直している。

○音の大きさと物が震えるようすとの関係について問題を見つけ，自分なりの予想を立てて実験している。

○音の性質の学習で，わかったこととまだわからないこと，できるようになったこととまだできないことが何かを，自分で考えている。

学習活動

小単元名	時数	学習活動	見方・考え方
1. 音が出ているときのものの様子	3	○楽器などで音を出し，音が出ているときの物のようすを調べる。 ・太鼓やトライアングルなどをたたいて音を出し，そのときの楽器のようすで気づいたことを話し合い，問題を見つける。 ・音が出ているときの物のようすを調べる。 ・音を大きくしたり小さくしたりして，物のようすを調べる。 ・物から音が出ているときは，物は震えていることを理解する。 ・音が大きいときは物の震え方が大きく，音が小さいときは物の震え方が小さいことを理解する。	量的・関係的　比較 関係付け
2. 音をつたえよう	2	○糸電話で音の伝わり方を調べる。 ・鉄棒をたたいて離れた場所に耳を近づけても音が聞こえたことなどから，問題を見つける。 ・教科書 P.88 を参考にして糸電話を作り，音の伝わり方を調べる。 ・糸電話は，糸が震えることによってもう１つの紙コップに音が伝わることを理解する。 ・糸を手でつまんで震えを止めると，音は伝わらなくなることを理解する。	量的・関係的　比較 関係付け
○まとめてみよう	1	○音の性質について学んだことを生かして問題を解く。	量的・関係的 多面的に考える

| 3年 | 学図 |

教科書：p.92〜103　配当時数：8時間　配当月：10〜11月

7. 光を調べよう

内容の区分　A 物質・エネルギー

関連する道徳の内容項目　C 国際理解，国際親善　D 生命の尊さ

到達目標

≫知識・技能

○日光はまっすぐに進み，集めたり反射させたりできることがわかる。

○日光を当てると，物は明るく，あたたかくなることがわかる。

○日光を集めたところは，より明るく，よりあたたかくなることがわかる。

○複数の鏡で日光を集めたときの明るさやあたたかさの変化について，正確に記録することができる。

○虫眼鏡で日光を集めたときの明るさやあたたかさの変化を，比較して調べることができる。

≫思考・判断・表現

○日光の進み方について，的当て遊びをしたことなどから予想を立てることができる。

○予想を確かめるための実験計画を立てることができる。

○鏡に反射した日光がつくる道筋を，日光の進み方と関係づけて考えることができる。

≫主体的に学習に取り組む態度　※「主体的に学習に取り組む態度」は方向目標を示しています。

○光の性質について粘り強く追究する活動を通して，日光をたくさん集めると物はより明るくあたたかくなることを知り，まとめようとする。

評価規準

≫知識・技能

○日光はまっすぐに進み，日光が当たったところは，明るくあたたかくなることを理解している。

○日光は集めたり，鏡で反射させたりできることを理解している。

○日光を集めたときのあたたかさを調べ，正確に記録している。

○鏡や虫眼鏡を適切に扱い，安全に実験を行っている。

○鏡で反射した日光を集めたり，虫眼鏡で日光を集めたりしたとき，より明るく，よりあたたかくなることを理解している。

━━━● 対応する学習指導要領の項目：A(3) ア (ア)(イ)

≫思考・判断・表現

○日光と明るさやあたたかさとの関係について考察し，その関係を自分の言葉で表現している。

○日光の進み方について問題を見つけ，的当て遊びをした経験などから予想を立てている。

○日光と明るさやあたたかさとの関係を表に整理し，鏡の枚数と明るさやあたたかさの変化との関係を考えている。

○立てた予想を発表したり，文章にまとめたりしている。

○友だちの意見を聞いて，自分の予想の妥当性について考えている。

○予想を確かめるための実験を計画している。

○鏡の枚数を変える実験結果から，日光を集めるとより明るく，よりあたたかくなることを導き出している。

━━━● 対応する学習指導要領の項目：A(3) イ

≫主体的に学習に取り組む態度

○日光の進み方を調べる実験計画について，友だちとの話し合いを通して自らの考えを見直している。

○日光と明るさやあたたかさとの関係について問題を見つけ，自分なりの予想を立てて実験している。

○光の性質の学習で，わかったこととまだわからないこと，できるようになったこととまだできないことが何かを，自分で考えている。

学習活動

小単元名	時数	学習活動	見方・考え方
○導入	1	○鏡で反射させた日光を利用した的当て遊びをして，気づいたことを話し合う。 ・日陰にある壁に的を作って，鏡で反射させた日光を当てる的当て遊びをする。 ・的当て遊びで気づいたことを話し合う。	量的・関係的　比較 関係付け
1. 日光の進み方を調べよう	3	○日光の進み方を調べる。 ・日光は鏡で反射させられることを理解し，的当て遊びで気づいたことから，問題を見つける。 ・的当て遊びをしたことなどから，日光の進み方を予想する。 ・調べる方法について話し合って考え，日光の進み方を調べる実験をする。 ・鏡で反射させた日光は，まっすぐに進むことを理解する。 ・鏡を何枚か使用して，鏡に反射させた日光のリレーをする。	量的・関係的　比較 関係付け
2. 日光を集めよう①	2	○日光を集めて当てたところの明るさやあたたかさについて調べる。 ・物に日光を当てると，物の明るさやあたたかさが変わることを理解する。 ・的当て遊びで日光を当てた的をもっと明るく，あたたかくする方法を話し合って，問題を見つける。 ・反射した日光が重なった場所の，明るさや温度について調べる。 ・鏡を1枚，2枚，3枚と使って，反射させた日光を重ねる。 ・鏡を1枚から3枚まで使い，それぞれの明るさや温度を調べ，比べる。 ・鏡で反射させた日光をたくさん集めるほど，より明るく，あたたかくなることを導き出す。 ・ソーラークッカーを作り，水を加熱する。	量的・関係的　比較 関係付け
2. 日光を集めよう②	1	○虫眼鏡で日光を集めたときのようすを調べる。 ・虫眼鏡を使い，安全に注意して日光を集める。 ・虫眼鏡で集めた日光を当てている紙と，虫眼鏡の距離を変化させて，大きさや明るさ，あたたかさを比べる。 ・虫眼鏡で集めた日光を当てたところは，明るく，あたたかくなることを理解する。 ・虫眼鏡で集めた日光の大きさが小さいとき，より明るく，よりあたたかくなることを理解する。	量的・関係的　比較 関係付け
○まとめてみよう	1	○光の性質について学んだことを生かして問題を解く。	量的・関係的 多面的に考える

| 3年 | 学図 |

教科書：p.104～113　配当時数：6時間　配当月：11月

8. 風のはたらき

| 内容の区分 | A 物質・エネルギー

| 関連する道徳の内容項目 | C 国際理解，国際親善　D 自然愛護

到達目標

》知識・技能

○風の力は，物を動かすことができることがわかる。

○風の力の強さと物の動くようすとの関係についてわかる。

○風の力の強さと物の動き方との関係を調べる実験を，安全に行うことができる。

○風の力の強さを変えたときの物の動くようすの違いを，正確に記録することができる。

》思考・判断・表現

○風の力の強さと物が動くようすとの関係について，これまでの経験などから予想を立てることができる。

○風の力の強さと物が動くようすを関係づけてとらえ，その関係を表を使ってわかりやすくまとめることができる。

》主体的に学習に取り組む態度　※「主体的に学習に取り組む態度」は方向目標を示しています。

○風のはたらきについて粘り強く追究する活動を通して，物の動き方の変化には風の力の強さが関係していることを知り，まとめようとする。

評価規準

》知識・技能

○風の力は，物を動かすことができることを理解している。

○物の動くようすを調べて，その結果を適切に記録している。

○風車を正しく扱い，安全に実験を行っている。

○風の力を強くすると，物を動かす力が大きくなることを理解している。

　　　　　　　　　　　　　　　　　　　　　　　●対応する学習指導要領の項目：A(2) ア (ア)

》思考・判断・表現

○風の力の強さと物が動くようすとの関係について，問題を見つけている。

○立てた予想を発表したり，文章にまとめたりしている。

○友だちの意見を聞いて，自分の予想の妥当性について考えている。

○風の力の強さを変える実験結果から，風の力の強さを変えると物が動くようすも変わることを導き出している。

　　　　　　　　　　　　　　　　　　　　　　　　　●対応する学習指導要領の項目：A(2) イ

》主体的に学習に取り組む態度

○風の力の強さと物が動くようすとの関係について問題を見つけ，自分なりの予想を立てて実験している。

○風のはたらきの学習で，わかったこととまだわからないこと，できるようになったこととまだできないことが何かを，自分で考えている。

学習活動

小単元名	時数	学習活動	見方・考え方
1. 風の強さと風車の回り方①	1	○風車で遊んで，気づいたことを話し合う。 ・教科書 P.106 を参考にして風車を作って遊び，気づいたことを話し合って問題を見つける。	量的・関係的　比較 関係付け
1. 風の強さと風車の回り方②	2	○風の強さと風車の回り方との関係を調べる。 ・風車で遊んだときのようすから，風の強さと風車の回るようすとの関係について予想する。 ・送風機の風の強さを変えて，風車の回るようすを比較しながら調べる。 ・実験の結果から，風の強さと風車の回るようすを関係づけて考え，まとめる。 ・風の強さを変えると風車の回るようすは変わり，風が強い方が風車は速く回ることを導き出す。 ・風が強い方が，風車の軸を触ったときの手応えが強く，回転音も大きいことを理解する。	量的・関係的　比較 関係付け
2. 風の強さとものを持ち上げる力	2	○風の強さと風車の物を持ち上げる力との関係を調べる。 ・オランダの風車が，風の力を利用して小麦を粉にしたり水をくみ上げたりしていることを理解する。 ・教科書 P.110 を参考にして，作った風車とプーリーなどを組み合わせて物を持ち上げられるようにする。 ・風の強さと風車の物を持ち上げる力の関係について，予想する。 ・送風機の風の強さを変えて，おもりを持ち上げる数を調べ，表にまとめる。 ・風の強さと持ち上げられたおもりの数を関係づけて考え，話し合う。 ・風車は，風の力を利用して物を持ち上げることができ，風が強い方が物を持ち上げる力が大きくなることを理解する。	量的・関係的　比較 関係付け
○まとめてみよう	1	○風のはたらきについて学んだことを生かして問題を解く。	量的・関係的 多面的に考える

| 3年 | 学図 |

教科書：p.114〜123　配当時数：6時間　配当月：11〜12月

9. ゴムのはたらき

内容の区分　A 物質・エネルギー

到達目標

》知識・技能
○ゴムの力は，物を動かすことができることがわかる。
○ゴムの力の強さと物の動く距離との関係についてわかる。
○ゴムの力の強さと物の動く距離との関係を調べる実験を，安全に行うことができる。
○ゴムの力の強さを変えたときの物の動く距離の違いを，正確に記録することができる。

》思考・判断・表現
○ゴムの力の強さを大きくしたときの物が動く距離について，予想を立てることができる。
○ゴムの力の強さと物が動く距離を関係づけてとらえ，その関係をわかりやすくまとめることができる。

》主体的に学習に取り組む態度　※「主体的に学習に取り組む態度」は方向目標を示しています。
○ゴムのはたらきについて粘り強く追究する活動を通して，物の動く距離の変化にはゴムの力の強さが関係していることを知り，まとめようとする。

評価規準

》知識・技能
○ゴムの力は，物を動かすことができることを理解している。
○物の動く距離を調べて，その結果を適切に記録している。
○ゴムの力で動く車を正しく扱い，安全に実験を行っている。
○ゴムを長く伸ばしたり，風の力を強くすると，物を動かす力が大きくなることを理解している。

●対応する学習指導要領の項目：A(2) ア (イ)

》思考・判断・表現
○ゴムの力の強さと物が動く距離との関係について，問題を見つけている。
○ゴムの伸びと物が動く距離との関係を表に整理し，ゴムの伸びと物が動く距離との関係を考えている。
○立てた予想を発表したり，文章にまとめたりしている。
○友だちの意見を聞いて，自分の予想の妥当性について考えている。
○ゴムの伸ばし方と物が動く距離を関係づけて考え，それを表や棒グラフでわかりやすく表現している。
○ゴムの力の強さを変える実験結果から，ゴムの力の強さを変えると物が動く距離も変わることを導き出している。

●対応する学習指導要領の項目：A(2) イ

》主体的に学習に取り組む態度
○ゴムの力の強さと物が動く距離との関係について問題を見つけ，自分なりの予想を立てて実験している。
○ゴムのはたらきの学習で，わかったこととまだわからないこと，できるようになったこととまだできないことが何かを，自分で考えている。

学習活動

小単元名	時数	学習活動	見方・考え方
1. ゴムの力と車の走り方①	1	○ゴムで動く車を作って遊び、気づいたことを話し合う。 ・教科書 P.114～116 の作り方を参考に、ゴムで動く車を作る。 ・ゴムで動く車を安全に動かして遊び、車の進む距離などのようすで気づいたことを話し合って問題を見つける。	量的・関係的　比較 関係付け
1. ゴムの力と車の走り方②	2	○ゴムの伸ばし方と車の走る距離との関係を調べる。 ・ゴムを伸び縮みさせて手応えを確かめ、ゴムの伸ばし方と車の走る距離との関係について予想する。 ・ゴムを伸びの長さを変えて、車の走る距離を比較しながら調べる。 ・棒グラフのかき方を理解し、実験結果を表や棒グラフにまとめる。 ・ゴムを伸びの長さと車が走る距離を関係づけて考え、話し合う。 ・ゴムを長く伸ばすほど、車をより遠くまで走らせることができることを導き出す。 ・ゴムの伸ばし方を長くするほど、もとに戻ろうとする力が強くなることを理解する。	量的・関係的　比較 関係付け
2. ゴムの力をコントロールしよう	2	○ゴムの伸ばし方で、車の走る距離をコントロールできるかどうか調べる。 ・前回の実験結果をもとに、車を走らせたい距離に合わせてゴムを伸ばす長さを変える実験をする。 ・ゴムを伸ばす長さを変えることで、車の走る距離をコントロールすることができることを導き出す。	量的・関係的 関係付け
○まとめてみよう	1	○ゴムのはたらきについて学んだことを生かして問題を解く。	量的・関係的 多面的に考える

3年

| 3年 | 学図 |

教科書：p.124～137　配当時数：8時間　配当月：12月

10. 明かりをつけよう

| 内容の区分 | A 物質・エネルギー

到達目標

≫知識・技能

○電気の通り道が1つの輪のようになっているときに電気が通るということがわかる。

○金属は電気を通すことがわかる。

○電気の回路を正しく作ることができる。

○電気を通す物と通さない物を調べる実験を，安全に行うことができる。

○電気を通す物と通さない物があることを，回路を使った実験を通して調べ，正確に分類することができる。

≫思考・判断・表現

○豆電球に明かりがつくときとつかないときを比較して，それらの違いが電気の通り道に関係していると考えることができる。

○豆電球に明かりがつくかどうかということと回路を関係づけてとらえ，その関係を表を使ってわかりやすくまとめることができる。

≫主体的に学習に取り組む態度　　※「主体的に学習に取り組む態度」は方向目標を示しています。

○電気の通り道について粘り強く追究する活動を通して，金属は電気を通すことを知り，まとめようとする。

評価規準

≫知識・技能

○回路についてわかり，金属が電気を通すことを理解している。

○豆電球と乾電池，導線を正しくつないでいる。

○乾電池や豆電球，ソケットなどを正しく扱い，安全に実験を行っている。

○豆電球に明かりのつく回路を調べ，その回路を図でわかりやすく記録している。

●対応する学習指導要領の項目：A(5) ア (ア)(イ)

≫思考・判断・表現

○身の回りで使われている電気について，問題を見つけている。

○豆電球に明かりがつくかどうかということと回路を関係づけて考え，それを言葉でわかりやすく表現している。

○電気を通す物の共通点や電気を通す物と通さない物の差異点に気づき，電気を通す物についてまとめている。

●対応する学習指導要領の項目：A(5) イ

≫主体的に学習に取り組む態度

○電気を通す物と通さない物を調べる実験で，積極的に調べたり，結果を粘り強く分類・整理している。

○電気の通り道の学習で，わかったこととまだわからないこと，できるようになったこととまだできないことが何かを，自分で考えている。

学習活動

小単元名	時数	学習活動	見方・考え方
1.豆電球に明かりをつけよう	4	○豆電球に明かりがつくつなぎ方を調べる。 ・乾電池に導線をつないで豆電球に明かりをつけ，気づいたことを話し合って問題を見つける。 ・乾電池に導線をつないで，豆電球に明かりがつくときとつかないときのつなぎ方を比較しながら調べる。 ・明かりがついたつなぎ方と，明かりがつかなかったつなぎ方を分けて，考察する。 ・乾電池の＋極と－極に導線をつなぐと，豆電球に明かりがつくことを導き出す。 ・電気の通り道が1つの輪のようになっているときに電気が通るということを理解する。 ・輪のようになっている電気の通り道を回路ということを理解する。 ・回路がつながっていると電気が通り，豆電球に明かりがつくことを理解する。 ・乾電池と豆電球をソケットを使わずに導線でつなぎ，明かりをつけてみる。	量的・関係的　比較 関係付け
2.電気を通すものと通さないもの	2	○電気を通す物と通さない物を調べる。 ・教科書 P.131 を参考にして，回路の途中にいろいろな物をつなぎ，電気を通す物と通さない物を調べる。 ・実験結果から，電気を通す物と通さない物とに分けて表に整理し，考察する。 ・鉄やアルミニウムなどの金属は，電気を通す物だと理解する。 ・ガラス，プラスチック，紙などは，電気を通さない物だと理解する。 ・実験で使った乾電池ボックスや導線は，電気を通す物と通さない物を利用して作られていることを理解する。 ・金属製の缶の側面には電気を通さない塗料が塗ってあるが，塗料をはがせば電気が通るようになることを理解する。	量的・関係的　比較 関係付け
3.スイッチをくふうしたおもちゃ／○まとめてみよう	2	○スイッチを使って明かりのつくおもちゃを作る。 ・学んだことを生かして，安全に気をつけておもちゃを作る。 ・電気の通り道について学んだことを生かして問題を解く。	量的・関係的 多面的に考える

3年

43

| 3年 | 学図 | 教科書：p.138〜155　配当時数：12時間　配当月：1〜2月 |

11. じしゃくのひみつ

内容の区分　A 物質・エネルギー

到達目標

≫知識・技能
○鉄は磁石に引きつけられることがわかる。

○磁石と鉄との間が離れていても，磁石は鉄を引きつけることがわかる。

○磁石に極があることと，磁石の極性がわかる。

○鉄は磁石に近づけると磁石のはたらきをもつようになることがわかる。

○鉄くぎや砂鉄などを適切に扱い，磁石に近づけた鉄が磁石になるのかどうかを調べる実験を安全に行うことができる。

≫思考・判断・表現
○磁石に引きつけられる物と引きつけられない物について，これまでに学習したことなどから，予想を立てることができる。

○磁石に引きつけられる物と引きつけられない物を比較して，それらの違いを材質と関係づけて考えることができる。

○間にビニル袋などをはさんでも磁石が鉄を引きつけることから，磁石と鉄が離れていても鉄を引きつける力がはたらいていると考えることができる。

○磁石の同極どうし，異極どうしを近づけたときのようすを，言葉でわかりやすくまとめることができる。

≫主体的に学習に取り組む態度　※「主体的に学習に取り組む態度」は方向目標を示しています。
○磁石の性質について粘り強く追究する活動を通して，磁石の鉄を引きつける力には磁石と鉄との距離が関係していることを知り，まとめようとする。

評価規準

≫知識・技能
○磁石は鉄を引きつけることと，磁石にはN極とS極があることを理解している。

○磁石と鉄との間に磁石に引きつけられないビニル袋などをはさんでも，磁石は鉄を引きつけることを理解している。

○磁石の異極どうしは引き合い，同極どうしは退け合うことを理解している。

○実験の結果をわかりやすく記録している。

○磁石の極性を調べ，その結果を正確に記録している。

○磁石や方位磁針を正しく扱い，安全に実験を行っている。

●対応する学習指導要領の項目：A(4) ア (ア)(イ)

≫思考・判断・表現
○磁石に引きつけられる物の共通点や引きつけられない物との差異点について考察し，問題を解決している。

○磁石に引きつけられる物と引きつけられない物について，これまでに学習したことなどから予想を立てている。

○立てた予想を発表したり，文章にまとめたりしている。

○友だちの意見を聞いて，自分の予想の妥当性について考えている。

○磁石の極どうしを近づける実験で，同極どうしか異極どうしかを関係づけて考え，それを言葉でわかりやすく表現している。

●対応する学習指導要領の項目：A(4) イ

≫主体的に学習に取り組む態度

○磁石に引きつけられる物と引きつけられない物について問題を見つけ，自分なりの予想を立てて実験している。

○磁石の性質の学習で，わかったこととまだわからないこと，できるようになったこととまだできないことが何かを，自分で考えている。

関連する既習内容

学年		内容
3	年	電気の通り道

学習活動

小単元名	時数	学習活動	見方・考え方
1. じしゃくに引きつけられるもの①	3	○磁石に引きつけられる物と引きつけられない物を調べる。 ・磁石を身の回りの物に近づけ，気づいたことを話し合って問題を見つける。 ・磁石を身の回りの物に近づけたときのようすや，電気の通り道で学んだことから予想する。 ・教科書 P.142，143 を参考にして，磁石に引きつけられる物と引きつけられない物を調べる。 ・磁石に引きつけられる物と引きつけられない物を，表に整理して考察する。 ・鉄でできている物は，磁石に引きつけられることを理解する。 ・金属でもアルミニウムや銅などは，磁石に引きつけられないことを理解する。 ・鉄は，磁石に引きつけられないビニル袋などで覆われていても，磁石に引きつけられることを理解する。	量的・関係的　比較 関係付け
1. じしゃくに引きつけられるもの②	2	○磁石と鉄の距離の変化と，磁石が鉄を引きつける力との関係を調べる。 ・前回の実験でビニル袋の中の磁石が鉄を引きつけたことから，間に物をはさんでも磁石が鉄を引きつけるかを調べる。 ・実験から，磁石と鉄の距離が離れると，鉄を引きつける力は弱くなることを導き出す。 ・磁石と鉄が離れていても，磁石は鉄を引きつけることを理解する。 ・磁石と鉄との間に，磁石に引きつけられない物があっても鉄を引きつけることを理解する。 ・電気を通すかどうか，磁石に引きつけられるかどうかで仲間分けをし，表に整理する。	量的・関係的　比較 関係付け

2. じしゃくのせいしつ	3	○磁石の極性を調べる。 ・磁石にクリップを引きつける実験から，磁石の両端は鉄を引きつける力が強いことを導き出す。 ・磁石の鉄を引きつける力が強い部分を，極ということを理解する。 ・極にはN極とS極があることを理解する。 ・2本の棒磁石の極を近づけたときのようすを調べ，その記録をまとめる。 ・実験から，同極どうしの場合は退け合うことと，異極どうしの場合は引きつけ合うことを導き出す。	量的・関係的　比較 関係付け
3. じしゃくのはたらき ①	2	○磁石に引きつけられた鉄は，磁石になるのかを調べる。 ・磁石に引きつけられた3本のつながったくぎが，磁石から離してもつながったままであることから，問題を見つける。 ・磁石に引きつけられた鉄が磁石から離したときに磁石になっているかどうかを，鉄くぎを使って調べる。 ・砂鉄や方位磁針を使って，鉄くぎが磁石になっているのかどうかを確認する。 ・磁石に引きつけられた鉄は，直に磁石についていなくても磁石になることを理解する。	量的・関係的　比較 関係付け
3. じしゃくのはたらき ②／○まとめてみよう	2	○磁石を使っておもちゃを作る。 ・学んだことを生かして，安全に気をつけておもちゃを作る。 ・磁石の性質について学んだことを生かして問題を解く。	量的・関係的 多面的に考える

| 3年 | 学図 | 教科書：p.156〜164　配当時数：9時間　配当月：2〜3月 |

12. ものの重さを調べよう

内容の区分　A 物質・エネルギー

到達目標

≫知識・技能

○物は，形が変わっても重さが変わらないことがわかる。

○物の形を変えたときの重さを，正確に記録することができる。

○物は，体積が同じでも種類が違うと重さが違うことがわかる。

○物の種類による重さの違いを調べる実験を，安全に行うことができる。

≫思考・判断・表現

○物の形を変えたときの重さについて，これまでに学習したことなどから予想を立てることができる。

○予想を確かめるための実験計画を立てることができる。

○物の種類と重さとの関係を調べる実験の結果をわかりやすくまとめることができる。

≫主体的に学習に取り組む態度　※「主体的に学習に取り組む態度」は方向目標を示しています。

○物の重さについて粘り強く追究する活動を通して，物は形が変わっても重さは変わらないことを知り，まとめようとする。

評価規準

≫知識・技能

○物の形を変えても，物の重さは変わらないことを理解している。

○同体積でも，物の種類が違うと重さも違うことを理解している。

○実験の結果を，表に整理してわかりやすく記録している。

○はかりを正しく扱い，物の重さを正確にはかっている。

→ 対応する学習指導要領の項目：A(1) ア (ア)(イ)

≫思考・判断・表現

○物の形と重さとの関係や，物の種類と重さとの関係について考察し，その考察内容をわかりやすく表現している。

○物の形と重さとの関係について，体重計の上で姿勢を変えたときの経験などから予想を立てている。

○立てた予想を発表したり，文章にまとめたりしている。

○友だちの意見を聞いて，自分の予想の妥当性について考えている。

○予想を確かめるための実験を計画している。

○種類の違う同体積の物の重さを調べる実験結果から，体積が同じでも種類が違うと重さが違うことを導き出している。

→ 対応する学習指導要領の項目：A(1) イ

≫主体的に学習に取り組む態度

○物の種類とその重さとの関係を調べる実験計画について，友だちとの話し合いを通して自らの考えを見直している。

○物の種類とその重さとの関係について問題を見つけ，自分なりの予想を立てて実験している。

○物の重さの学習で，わかったこととまだわからないこと，できるようになったこととまだできないことが何かを，自分で考えている。

学習活動

小単元名	時数	学習活動	見方・考え方
1. ものの重さをくらべよう	4	○物の置き方や形を変えると，重さがどうなるのかを調べる。 ・重さの単位と，1kg = 1000g だということを理解する。 ・身の回りの様々な物を手に持って，重さを比べる。 ・台ばかりの使い方を理解する。 ・はかりを使って物の重さをはかり，問題を見つける。 ・粘土の置き方や形を変えて，はかりで重さを調べる。 ・調べた結果を表にまとめ，考察する。 ・実験から，物は置き方や形を変えても，小さく分けても重さは変わらないことを導き出す。 ・紙コップやアルミニウムの皿の形を変えたり，小さく分けたりして，重さを調べる。 ・体重計に姿勢を変えてのって調べる。	質的・実体的　比較 関係付け
2. もののしゅるいと重さ①	2	○同じ体積の砂糖と塩の重さを調べる。 ・砂糖と塩を手に持って重さを比べ，話し合って問題を見つける。 ・物のかさのことを体積ということを理解する。 ・砂糖と塩を同じ体積にして重さを比べる。 ・種類が違う物を同じ体積にしたとき，重さは異なることを導き出す。	質的・実体的　比較
2. もののしゅるいと重さ②	2	○種類が違う同じ体積の物の重さを調べる。 ・ゴム，鉄，木など同じ体積で種類が違う物を手で持ったり，はかりを利用してはかったりする。 ・実験から，物は体積が同じでも，種類が違うと重さが違うことを導き出す。	質的・実体的　比較
○まとめてみよう	1	○物の重さについて学んだことを生かして問題を解く。	質的・実体的 多面的に考える

MEMO

| 4年 | 学図 | 教科書：p.6〜15　配当時数：6時間　配当月：4月 |

1. 季節と生き物の様子
● あたたかくなって

| 内容の区分 | B 生命・地球

| 関連する道徳の内容項目 | D 生命の尊さ／自然愛護

到達目標

》知識・技能
○春になり，いろいろな植物や動物が見られるようになったことがわかる。
○校庭などの屋外で生物を安全に観察することができる。
○植物や動物のようすを適切に記録用紙に記録することができる。

》思考・判断・表現
○生物と気温との関係について，今までの経験などから根拠のある予想や仮説を立てることができる。
○予想や仮説を確かめるため，1年を通した観察計画を立てることができる。
○春の植物や動物のようすを観察して，気づいたことをわかりやすく発表できる。

》主体的に学習に取り組む態度　　※「主体的に学習に取り組む態度」は方向目標を示しています。
○春の植物や動物のようすに関心をもち，粘り強く観察しようとする。

評価規準

》知識・技能
○春になり，ナナホシテントウやツバメなどの動物が盛んに活動したり，サクラが咲いたりすることを理解している。
○気温の測り方を理解している。
○温度計を正しく使って，気温を正確に測っている。
○屋外で植物や動物を安全に観察している。
○記録用紙のかき方を理解し，観察した生物のようすを正確に記録している。
　　　　　　　　　　　　　　　　　　　　　　　━● 対応する学習指導要領の項目：B(2) ア (ア)(イ)

》思考・判断・表現
○生物のようすと気温とを関連づけて考え，言葉でわかりやすく表現している。
○春の植物や動物のようすを観察して，気づいたことや不思議に思ったことなどを発表している。
　　　　　　　　　　　　　　　　　　　　　　　━● 対応する学習指導要領の項目：B(2) イ

》主体的に学習に取り組む態度
○春の生物のようすに関心をもって，積極的に観察しようとしている。
○生物と気温との関係を調べる観察計画について，友だちとの話し合いを通して自らの考えを見直している。
○春の生物のようすの学習で，わかったこととまだわからないこと，できるようになったこととまだできないことが何かを，自分で考えている。
○生物に関心をもって，大切にしようとしている。

関連する既習内容

学年	内容
3 年	身の回りの生物

学習活動

小単元名	時数	学習活動	見方・考え方
1. あたたかくなって①	3	○春の気温と生物を観察して，生物の変化のようすを調べる。 ・空気の温度を気温ということを理解する。 ・4月中旬からおよそ1週間ごとに気温を測り，校庭や野原などでサクラなどの春の植物のようすを観察する。 ・4月中旬からおよそ1週間ごとに気温を測り，校庭や野原などでチョウやカエルなどの春の動物のようすを観察する。 ・記録用紙のかき方を理解する。 ・測った気温の変化を棒グラフに表したり，観察した生物を種類ごとに整理したりしてまとめる。 ・生物のようすと気温の変化との関係について考察する。 ・あたたかくなると，新しい葉が出たり開花したりする植物が多くなることを理解する。 ・あたたかくなると，動物は活動が盛んになってくることを理解する。	共通性・多様性　比較 関係付け
1. あたたかくなって②	3	○1年を通して生物のようすと気温との関係を調べる観察計画を立てる。 ・1年を通して調べる生物 (植物と動物) を決め，観察計画を立てる。 ・ビニルポットの土にヘチマなどのたねをまく。 ・ヘチマなどの成長のようすを定期的に観察し，記録用紙に記録する。 ・葉が3〜5枚程になったら，花だんなどに植え替える。 ・これから生物がどのように変わっていくか，気温と関係づけて予想する。	共通性・多様性　比較 関係付け

| 4年 | 学図 |

教科書：p.16〜27　配当時数：5時間　配当月：5月

2. 1日の気温と天気

内容の区分　B 生命・地球

関連する道徳の内容項目　D 自然愛護

到達目標

≫知識・技能

○1日の気温の変化は，天気によって違いがあることがわかる。

○晴れの日は1日の気温の変化が大きく，雨の日の気温の変化は小さいことがわかる。

○気温を正しく測り，その変化を折れ線グラフに記録することができる。

≫思考・判断・表現

○天気と気温との関係について，今までの経験などから根拠のある予想や仮説を立てることができる。

○予想や仮説を確かめるための観察計画を立てることができる。

○1日の気温の変化を天気と関係づけてとらえ，晴れの日と雨の日の1日の気温の変化について，折れ線グラフを使ってわかりやすくまとめることができる。

≫主体的に学習に取り組む態度　※「主体的に学習に取り組む態度」は方向目標を示しています。

○天気と気温について粘り強く追究する活動を通して，1日の気温の変化には天気が関係していることを知り，天気による1日の気温の変化の違いをまとめようとする。

評価規準

≫知識・技能

　○天気によって，1日の気温の変化には違いがあることを理解している。

　○晴れの日と，雨の日の1日の気温の変化の特徴を理解している。

　○温度計や百葉箱などを利用して，気温を正しく測っている。

　○晴れの日と，雨の日の1日の気温の変化を，折れ線グラフに記録している。

　　　　　　　　　　　　　　　　　　　　　　　　　　●対応する学習指導要領の項目：B(4) ア (ア)

≫思考・判断・表現

　○天気と気温との関係について問題を見つけ，根拠のある予想や仮説を立てている。

　○1日の気温の変化と天気とを関係づけて考え，わかりやすく棒グラフや折れ線グラフなどに表している。

　○立てた予想を発表したり，文章にまとめたりしている。

　○友だちの意見を聞いて，自分の予想の妥当性について考えている。

　○予想を確かめるための観察を計画している。

　○1日の気温の変化について，観察した結果をもとに発表し合い，天気と1日の気温の変化との関係について多面的に考察している。

　○考察から，晴れの日は1日の気温の変化が大きく，雨の日は1日の気温の変化が小さいことを導き出している。

　　　　　　　　　　　　　　　　　　　　　　　　　　●対応する学習指導要領の項目：B(4) イ

≫主体的に学習に取り組む態度

○天気と気温の関係について問題を見つけ，根拠のある予想・仮説を立てて観察している。

○天気と気温との関係を調べる観察計画について，友だちとの話し合いを通して自らの考えを見直している。

○天気と気温の学習で，わかったこととまだわからないこと，できるようになったこととまだできないことが何かを，自分で考えている。

関連する既習内容

学年	内容
3 年	太陽と地面の様子

学習活動

小単元名	時数	学習活動	見方・考え方
1.1 日の気温の変化	2	○晴れの日の1日の気温の変化を調べる。 ・朝と昼で気温が違うことから，問題を見つける。 ・今までの経験などから，晴れの日の1日の気温の変化について予想する。 ・晴れの日の午前9時〜午後3時まで，同じ場所で1時間おきに気温を測って記録する。 ・観察した気温の変化を，棒グラフや折れ線グラフに表す。 ・晴れの日の1日の気温は，日の出の頃が一番低く，昼過ぎにかけて高くなり，夕方になるにつれて低くなることを理解する。 ・晴れの日の1日の気温の変化を折れ線グラフに表すと，山型になることを理解する。	時間的・空間的　比較 関係付け
2.1 日の気温の変化と天気	2	○雨の日の1日の気温の変化を調べ，晴れの日と比べる。 ・雨の日は晴れの日よりもすずしく感じることから，問題を見つける。 ・今までの学習や経験などから，雨の日の1日の気温の変化について予想する。 ・晴れの日と同じように気温を測って記録する。 ・観察した気温の変化を，折れ線グラフに表し，晴れの日の気温の変化と比較する。 ・晴れの日の1日の気温の変化と比べ，雨の日の1日の気温はあまり変化しないことを導き出す。	時間的・空間的　比較 関係付け
○まとめてみよう	1	○天気と気温について学んだことを生かして問題を解く。	時間的・空間的 多面的に考える

4年

53

| 4年 | 学図 |

教科書：p.28〜39　配当時数：7時間　配当月：5〜6月

● もののせいしつ1
3. 空気と水

| 内容の区分 | A 物質・エネルギー

| 関連する道徳の内容項目 | C 勤労，公共の精神　D 生命の尊さ

到達目標

》知識・技能

○空気はおし縮められるが，水はおし縮められないことがわかる。

○注射器を使って，閉じ込めた空気や水をおしたときのようすを調べる実験を安全に行うことができる。

○閉じ込めた空気や水をおしたときの体積と手応えを調べる実験の結果を，適切に記録することができる。

》思考・判断・表現

○閉じ込めた空気や水をおす実験について，これまでの学習や経験から，根拠のある予想や仮説を立てることができる。

○予想や仮説を確かめるための実験計画を立てることができる。

○閉じ込めた空気をおしたときの体積の変化と手応えの大きさを関係づけてとらえ，その関係を図や言葉でわかりやすくまとめることができる。

》主体的に学習に取り組む態度　※「主体的に学習に取り組む態度」は方向目標を示しています。

○空気と水の性質について粘り強く追究する活動を通して，空気はおし縮めることができるが，水はおし縮めることができないことを知り，まとめようとする。

評価規準

》知識・技能

○閉じ込めた空気をおすと空気の体積は小さくなることと，体積が小さくなれば手応えが大きくなることを理解している。

○閉じ込めた水はおし縮められないことを理解している。

○閉じ込めた空気や水をおし縮める実験を安全に行い，その結果を正確に記録している。

●対応する学習指導要領の項目：A(1) ア (ア)(イ)

》思考・判断・表現

○閉じ込めた空気をおしたときの体積の変化と手応えから，問題を見つけている。

○閉じ込めた水や空気をおす実験について，空気鉄砲に水や空気を入れて前玉を飛ばした経験から，根拠のある予想や仮説を立てている。

○友だちの意見を聞いて，自分の予想の妥当性について考えている。

○予想を確かめるための実験を計画している。

○閉じ込めた空気や水をおしたときの筒の中のようすを考え，図に表している。

○閉じ込めた空気に加える力の大きさと手応えの大きさとを関係づけてとらえ，言葉でわかりやすく表現している。

○閉じ込めた空気や水をおし縮める実験結果から，空気はおし縮められるが，水はおし縮められないことを導き出している。

●対応する学習指導要領の項目：A(1) イ

≫ 主体的に学習に取り組む態度

○閉じ込めた空気に力を加える実験計画について，友だちとの話し合いを通して自らの考えを見直している。

○閉じ込めた空気や水に力を加えたときのようすから問題を見つけ，根拠のある予想・仮説を立てて実験している。

○空気と水の性質の学習で，わかったこととまだわからないこと，できるようになったこととまだできないことが何かを，自分で考えている。

学習活動

小単元名	時数	学習活動	見方・考え方
○導入	1	○袋に閉じ込めた空気をおしてみて，そのときのようすや手応えなどを感じる。 ・袋に閉じ込めた空気をおしたときのようすで，気づいたことを話し合う。	質的・実体的 関係付け
1. とじこめた空気のせいしつ	3	○閉じ込めた空気をおしたときの，空気の体積や手応えについて調べる。 ・袋に閉じ込めた空気をおしたときのようすから，問題を見つける。 ・ものの大きさ (かさ) のことを体積ということを理解する。 ・袋に閉じ込めた空気をおしたときのようすや手応えなどを振り返って予想する。 ・筒に閉じ込めた空気をおしたときの，空気の体積や手応えについて調べる。 ・筒に閉じ込めた空気をおした後，押し棒を抜いたときのようすを調べ，記録する。 ・筒の中の空気のようすを図に表して，説明する。 ・閉じ込めた空気をおすと体積が小さく縮むことと，体積が小さくなるほど，もとに戻ろうとする力が大きくなることを理解する。	質的・実体的 関係付け
2. 空気と水のせいしつ	2	○注射器に閉じ込めた空気と水に力を加え，違いを調べる。 ・空気鉄砲の筒に空気や水を閉じ込め，玉を飛ばしてみたときのようすから問題を見つける。 ・筒の中の水のようすを筒の中の空気と比べて予想し，図に表す。 ・注射器に閉じ込めた空気や水に力を加え，ようすを調べる。 ・実験結果から，閉じ込めた水をおしても体積は変わらず縮まないことを理解する。	質的・実体的　比較 関係付け
○まとめてみよう	1	○空気と水の性質について学んだことを生かして問題を解く。	質的・実体的 多面的に考える

| 4年 | 学図 |

教科書：p.40〜55　配当時数：7時間　配当月：6月

4. 電気のはたらき

内容の区分　A 物質・エネルギー

関連する道徳の内容項目　C 伝統と文化の尊重，国や郷土を愛する態度

到達目標

≫知識・技能

○電流，直列つなぎ，並列つなぎについてわかる。

○乾電池の向きを変えると，電流の向きが変わることがわかる。

○乾電池の数やつなぎ方を変えると，電流の大きさが変わることがわかる。

○回路を正しく作ることができ，乾電池や簡易検流計を使った実験を安全に行うことができる。

≫思考・判断・表現

○乾電池のつなぎ方と電流の大きさの関係について，乾電池の数やつなぎ方によってモーターの回転の速さが変わったことから，根拠のある予想や仮説を立てることができる。

○予想や仮説を確かめるための観察計画を立てることができる。

○複数の実験の結果から論理的に思考し，結論を導き出すことができる。

○乾電池の向きと電流の向きとを関係づけてとらえ，その関係を図や言葉などでわかりやすくまとめることができる。

≫主体的に学習に取り組む態度　※「主体的に学習に取り組む態度」は方向目標を示しています。

○電流のはたらきについて粘り強く追究する活動を通して，電流の大きさには乾電池のつなぎ方が関係していることを知り，まとめようとする。

評価規準

≫知識・技能

○回路を流れる電気のことを電流ということを理解している。

○2個の乾電池のつなぎ方には，直列つなぎと並列つなぎがあることを理解している。

○簡易検流計の使い方を理解している。

○2個の乾電池を正しくつないで，電流の実験を安全に行っている。

○乾電池の向きを変えると電流の向きが変わり，モーターの回転が逆になることを理解している。

○乾電池の数やつなぎ方を変えると電流の大きさが変わり，モーターの回転の速さが変わることを理解している。

● 対応する学習指導要領の項目：A(3) ア (ア)

≫思考・判断・表現

○乾電池のつなぎ方と電流の大きさの関係について，乾電池の数やつなぎ方によってモーターの回転の速さが変わったことから，根拠のある予想や仮説を立てている。

○立てた予想を発表したり，文章にまとめたりしている。

○友だちの意見を聞いて，自分の予想の妥当性について考えている。

○予想を確かめるための実験を計画している。

○乾電池の向きを変える実験結果から，乾電池の向きを変えると電流の向きも変わることを導き出している。

○回路に流れる電流の大きさとモーターの回る速さとを関係づけて考え，それを図や言葉でわかりやすく表現している。

○乾電池，スイッチ，電球，モーター，検流計の回路図記号を知り，その記号を使って回路を図に表している。

●対応する学習指導要領の項目：A(3) イ

≫主体的に学習に取り組む態度

○乾電池の向きと電流の向きとの関係を調べる実験計画について，友だちとの話し合いを通して自らの考えを見直している。

○乾電池のつなぎ方と電流の大きさとの関係について問題を見つけ，根拠のある予想・仮説を立てて実験し，結果から自分の考えをまとめている。

○電流のはたらきの学習で，わかったこととまだわからないこと，できるようになったこととまだできないことが何かを，自分で考えている。

関連する既習内容

学年		内容
3	年	電気の通り道

学習活動

小単元名	時数	学習活動	見方・考え方
1. モーターの回る向きと電気の流れ	2	○乾電池の向きとモーターの回る向きとの関係を調べる。 ・モーターの力で走っている新幹線の写真を見て，身の回りにモーターを利用したものがあることを理解する。 ・乾電池にプロペラをつけたモーターをつなげ，モーターを回したときの風の向きの違いから問題を見つける。 ・回路を流れる電気のことを電流ということを理解する。 ・簡易検流計の使い方を理解する。 ・簡易検流計を使って，乾電池の向きと電流の向きとの関係を調べる。 ・乾電池の向きを変えるとモーターの回転の向きが変わるのは，電流の向きが変わるからだということを理解する。 ・電流は，乾電池の＋極からモーターを通って－極へ流れることを理解する。	量的・関係的　比較　関係付け

2. モーターを速く回す 方法①	2	○モーターを速く回すための2個の乾電池のつなぎ方を調べる。	量的・関係的　比較
		・モーターを速く回すための2個の乾電池のつなぎ方を予想し，実験の計画を立てる。	関係付け　条件制御
		・モーターに，自分の考えたつなぎ方で乾電池2個をつなぎ，乾電池1個のときと比べて記録する。	
		・2個の乾電池のつなぎ方には，直列つなぎと並列つなぎがあることを理解する。	
		・2個の乾電池の直列つなぎでは，乾電池1個のときよりもモーターは速く回ることを導き出す。	
		・2個の乾電池の並列つなぎでは，モーターの回る速さは乾電池1個のときと同じであることを導き出す。	
2. モーターを速く回す 方法②	2	○2個の乾電池の直列つなぎと並列つなぎで，モーターの回転速度に違いがある理由を調べる。	量的・関係的　比較
		・これまでに学んだことなどから予想し，実験の計画を立てる。	関係付け　条件制御
		・簡易検流計を使って，乾電池のつなぎ方と電流の大きさとの関係を調べる。	
		・実験の結果から，乾電池2個の直列つなぎでは1個のときよりも電流が大きくなることを導き出す。	
		・実験の結果から，乾電池2個の並列つなぎでは1個のときと電流の大きさがほぼ同じであることを導き出す。	
		・2個の乾電池の直列つなぎと並列つなぎで，モーターの回転速度に違いがあるのは，回路に流れる電流の大きさが違うからだということをまとめる。	
		・回路図記号を使って，回路を表す方法を理解する。	
○まとめてみよう	1	○電流のはたらきについて学んだことを生かして問題を解く。	量的・関係的 多面的に考える

| 4年 | 学図 | 教科書：p.56〜67　配当時数：5時間　配当月：6〜7月 |

5. 雨水の流れ

内容の区分　B 生命・地球

関連する道徳の内容項目　C 勤労，公共の精神　D 生命の尊さ

到達目標

≫知識・技能

○水は，高い場所から低い場所へと流れて集まることがわかる。

○水の染み込み方は，土の粒の大きさによって違うことがわかる。

○土の粒の大きさの違いによる水の染み込み方を調べる実験を適切に行い，その結果を記録することができる。

≫思考・判断・表現

○雨水の流れ方や染み込み方について，これまでの学習や経験から，根拠のある予想や仮説を立てることができる。

○予想や仮説を確かめるための実験計画を立てることができる。

○雨水の流れる方向と地面の傾きを関係づけてとらえ，その関係を図や言葉でまとめることができる。

≫主体的に学習に取り組む態度　　※「主体的に学習に取り組む態度」は方向目標を示しています。

○雨水の流れについて粘り強く追究する活動を通して，水は土の粒の大きさによって染み込み方が違うことを知り，まとめようとする。

評価規準

≫知識・技能

○水は高い場所から低い場所へと流れて集まることを理解している。

○水の染み込み方は，土の粒の大きさによって違いがあることを理解している。

○土の粒の大きさの違いによる水の染み込み方を調べる実験を適切に行い，その結果を正確に記録している。

　　　　　　　　　　　　　　　　　　　　　　　　━● 対応する学習指導要領の項目：B(3) ア (ア)(イ)

≫思考・判断・表現

○雨水の染み込み方と土の粒の大きさの違いを関係づけてとらえ，その関係を言葉でわかりやすく表現している。

○立てた予想を発表したり，文章にまとめたりしている。

○友だちの意見を聞いて，自分の予想の妥当性について考えている。

○予想を確かめるための実験を計画している。

○地面の傾きを調べる実験結果から，水は高い場所から低い場所へと流れていることを導き出している。

　　　　　　　　　　　　　　　　　　　　　　　　━● 対応する学習指導要領の項目：B(3) イ

≫主体的に学習に取り組む態度

○雨水の染み込み方について問題を見つけ，根拠のある予想・仮説を立てて実験している。

○雨水の流れの学習で，わかったこととまだわからないこと，できるようになったこととまだできないことが何かを，自分で考えている。

学習活動

小単元名	時数	学習活動	見方・考え方
1. 雨水の流れ	2	○雨水の流れ方を調べる。 ・雨の日に，校庭の地面のようすを見て問題を見つける。 ・雨が降ったときの校庭の地面のようすを振り返り，雨水の流れ方を予想する。 ・校庭の水たまりがあった場所と，その周りの地面の傾きを調べる。 ・水は高い所から低い所へと流れて集まることを導き出す。	時間的・空間的　比較 関係付け
2. 土のつぶと水のしみこみ方	2	○水の染み込み方を調べる。 ・同じ高さでも水たまりができる場所とできない場所があることから，問題を見つける。 ・土の粒の大きさと水の染み込み方を関係づけて根拠のある予想を立て，調べ方を計画する。 ・粒の大きさの違う 2 種類の土を使って，水の染み込み方を調べる。 ・実験した結果から，水は土の粒が大きいと速く染み込み，粒が小さいとゆっくりと染み込むことを導き出す。 ・水の染み込み方は，土の粒の大きさが関係していることを理解する。	時間的・空間的　比較 関係付け
○まとめてみよう／○身の回りの水のたまりやすい場所	1	○雨水の流れについて学んだことを生かして，問題を解いたり，防災に役立てたりする。 ・教科書 P.65 の問題を解く。 ・教科書 P.66，67 の資料を参考に，学習したことを生かして防災意識を高める。	時間的・空間的 多面的に考える

4年 学図　　　　　　　　　　　　　　教科書：p.68〜75　配当時数：4時間　配当月：7月

1. 季節と生き物の様子-2

● 暑い季節

内容の区分　B 生命・地球
関連する道徳の内容項目　D 生命の尊さ／自然愛護

到達目標

》知識・技能
○春と夏の生物のようすの違いがわかる。
○校庭などの屋外で生物を安全に観察することができる。
○夏の植物や動物のようすを，記録用紙に記録することができる。
○春から夏にかけての植物や動物のようすの変化と気温の変化との関係がわかる。

》思考・判断・表現
○生物と気温との関係について，今までの経験などから根拠のある予想や仮説を立てることができる。
○植物や動物のようすを観察して，暑くなったことと生物のようすの変化を関係づけて考えることができる。
○サクラやヘチマなどの成長や，動物などの種類や数を観察し，春と比較してその変化を気温と関係づけてとらえ，言葉やグラフなどでまとめることができる。

》主体的に学習に取り組む態度　※「主体的に学習に取り組む態度」は方向目標を示しています。
○夏の生物のようすについて粘り強く追究する活動を通して，夏の生物のようすには春よりも気温が高くなったことが関係していることを知り，まとめようとする。

評価規準

》知識・技能
○夏になって動物の活動が盛んになったり，植物が大きく成長したりするのは，春よりも気温が高くなったことと関係していることを理解している。
○屋外で植物や動物を安全に観察している。
○観察した夏の生物のようすを記録用紙に正確に記録している。

──● 対応する学習指導要領の項目：B(2) ア (ア)(イ)

》思考・判断・表現
○夏の植物や動物のようすと気温を関係づけて考え，図や言葉などでわかりやすく表現している。
○これからの生物のようすについて立てた予想を発表したり，文章にまとめたりしている。
○友だちの意見を聞いて，自分の予想の妥当性について考えている。
○夏の生物のようすについて観察した結果をもとに発表し合い，夏の生物のようすと気温の変化との関係について多面的に考察している。
○考察から，春に比べて気温が高くなって暑くなり，動物の種類や数が増えたり，植物が大きく成長したりしていることを導き出している。

──● 対応する学習指導要領の項目：B(2) イ

≫主体的に学習に取り組む態度

○夏の生物のようすに関心をもって，積極的に観察しようとしている。

○夏の生物のようすの学習で，わかったこととまだわからないこと，できるようになったこととまだできないことが何かを，自分で考えている。

○生物に関心をもって，大切にしようとしている。

関連する既習内容

学年		内容
3	年	身の回りの生物
4	年	季節と生物 (春)

学習活動

小単元名	時数	学習活動	見方・考え方
○暑い季節	4	○夏の植物や動物のようすと気温との関係について調べる。 ・春と同時刻，同じ場所で，1週間ごとに気温を測り，春に測った気温と比較する。 ・夏のサクラを，春のサクラのようすと比べながら観察し，記録する。 ・夏のヘチマを，春のヘチマのようすと比べながら観察し，記録する。 ・昆虫や鳥などの夏の活動のようすを，春のようすと比べながら観察し，記録する。 ・測った気温の変化を折れ線グラフに表したり，観察した生物を種類ごとに整理したりしてまとめる。 ・生物のようすと気温の変化との関係について考察する。 ・夏になって春よりも気温が高くなると，ヘチマは茎が伸びたり葉の数が増えたりして成長していることを理解する。 ・夏になって春よりも気温が高くなると，昆虫などの動物の活動が活発になることを理解する。 ・これから生物がどのように変わっていくか，気温と関係づけて予想する。	共通性・多様性　比較　関係付け

| 4年 | 学図 |

教科書：p.76～87　配当時数：2時間　配当月：7月

● 月や星の動き

● 夏の星

内容の区分　B 生命・地球

関連する道徳の内容項目　C 勤労，公共の精神／伝統と文化の尊重，国や郷土を愛する態度／国際理解，国際親善

到達目標

≫ 知識・技能
○星によって明るさや色に違いがあることがわかる。
○星座早見を使って，夏の大三角のアルタイル，デネブ，ベガ，北極星を見つけることができる。
○夜，おとなと一緒に，安全に星を観察することができる。

≫ 思考・判断・表現
○夏の星を明るさや色に着目しながら観察して，気づいたことをわかりやすく発表できる。

≫ 主体的に学習に取り組む態度　※「主体的に学習に取り組む態度」は方向目標を示しています。
○星の明るさや色について粘り強く追究する活動を通して，星には明るさや色に違いがあることを知り，まとめようとする。

評価規準

≫ 知識・技能
○夏に見られる星や星座がわかり，星によって明るさや色に違いがあることを理解している。
○星座早見を正しく使って，星を探している。
○野外で星を観察する際に注意すべきことを理解している。
　　　　　　　　　　　　　　　　　　　　　　　　　　　対応する学習指導要領の項目：B(5) ア (イ)

≫ 思考・判断・表現
○星の明るさや色について問題を見つけ，根拠のある予想や仮説を立てている。
○星の明るさや色について調べたことを，言葉や図などを使ってわかりやすく表現している。
　　　　　　　　　　　　　　　　　　　　　　　　　　　対応する学習指導要領の項目：B(5) イ

≫ 主体的に学習に取り組む態度
○夏に見られる星や星座に興味をもち，進んで観察したり調べたりしている。

関連する既習内容

学年	内容
3 年	太陽と地面の様子（日陰の位置と太陽の位置の変化）

学習活動

小単元名	時数	学習活動	見方・考え方
○夏の星	2	○星の明るさや色の違いについて調べる。 ・夜空を眺めたり，星の写真を見たりして，問題を見つける。 ・方位磁針や星座早見の使い方を理解する。 ・星の明るさや色について予想する。 ・夜空を眺めたり，星の写真を見たりして，星の明るさや色を調べる。 ・星をいくつかのまとまりに分けたものを星座ということを理解する。 ・こと座のベガ，わし座のアルタイル，はくちょう座のデネブを結んだものを夏の大三角ということを理解する。 ・北の空のほぼ真北の方角に北極星があることを理解する。 ・星には，色や明るさに違いがあることを理解する。	時間的・空間的　比較

| 4年 | 学図 | 教科書：p.90〜101　配当時数：8時間　配当月：9月 |

6. 月と星

内容の区分　B 生命・地球

到達目標

》知識・技能

○月は，見える形が変化することや，時刻によって位置が変わることがわかる。

○星は，時刻によって位置は変わるが，並び方は変わらないことがわかる。

○月や星を適切な方法で安全に観察し，記録することができる。

》思考・判断・表現

○月や星の位置の変化について，これまでの学習や経験から，根拠のある予想や仮説を立てることができる。

○予想や仮説を確かめるための観察計画を立てることができる。

○月や星の位置の変化を時間の経過と関係づけてとらえ，図や言葉でわかりやすくまとめることができる。

》主体的に学習に取り組む態度　※「主体的に学習に取り組む態度」は方向目標を示しています。

○月と星の位置の変化について粘り強く追究する活動を通して，月や星は1日のうちでも時刻によって位置が変わることを知り，まとめようとする。

評価規準

》知識・技能

○月は，日によって見える形が変わることや，1日のうちでも時刻によって位置が変わることを理解している。

○星は，1日のうちでも時刻によって位置が変わるが，並び方は変わらないということを理解している。

○時刻を変えたときも同じ場所で月や星の動きを適切に観察し，正確に記録している。

→ 対応する学習指導要領の項目：B(5) ア (ア)(ウ)

》思考・判断・表現

○時間の経過と月や星の見える位置とを関係づけてとらえ，図や言葉でわかりやすく表現している。

○月や星の位置の変化を調べる観察について，3年生で太陽の位置を調べた経験などから，根拠のある予想や仮説を立てている。

○立てた予想を発表したり，文章にまとめたりしている。

○友だちの意見を聞いて，自分の予想の妥当性について考えている。

○予想を確かめるための観察を計画している。

○時間の経過に伴う星の位置や並び方を調べる観察結果から，時刻によって星の位置は変化するが，星の並び方は変化しないことを導き出している。

→ 対応する学習指導要領の項目：B(5) イ

65

≫主体的に学習に取り組む態度

○月や星の位置の変化を調べる観察計画について，友だちとの話し合いを通して自らの考えを見直している。

○時間の経過に伴う月の位置の変化から問題を見つけ，根拠のある予想・仮説を立てて観察している。

○月と星の位置の変化の学習で，わかったこととまだわからないこと，できるようになったこととまだできないことが何かを，自分で考えている。

関連する既習内容

学年		内容
3	年	太陽と地面の様子 (日陰の位置と太陽の位置の変化)
4	年	月と星 (星の明るさ，色)

学習活動

小単元名	時数	学習活動	見方・考え方
1. 朝の月の動き	3	○朝の西の空に見える月の動きについて調べる。 ・朝，西の空に見えていた月が，時間の経過とともに見えなくなってしまったことから問題を見つける。 ・3年生で学習した太陽の動きなどから予想し，計画を立てる。 ・午前中に30分ごとに計3回，同じ場所で月の位置を観察し，記録する。 ・観察結果から，朝の西の空に見えていた月は，時間がたつとさらに西の方に位置を変えながら沈んでいくことを導き出す。	時間的・空間的　比較　関係付け
2. 星の動き	2	○時間の経過によって，星の位置や並び方がどう変化するのかを調べる。 ・月や太陽を観察したことなどから，時間の経過によって星の位置や並び方がどう変化するのかを予想する。 ・午後8時頃と午後9時頃に，同じ場所で夏の大三角を観察し，記録する。 ・観察結果から，時間がたつと星の位置は変わるが，星どうしの並び方は変わらず同じであることを導き出す。	時間的・空間的　比較　関係付け
3. 午後の月の動き	2	○午後の東の空に見える月の動きを調べる。 ・これまでに学んだことなどから，時間の経過に伴う午後の月の動き方について予想する。 ・午後2時頃から30分ごとに計3回，同じ場所で月の位置を観察し，記録する。 ・午後の月を観察した結果を，朝の月の動きと比較しながら考察する。 ・考察から，午後の東の空に見える月は，時間とともに南の高いところにのぼっていくことを導き出す。 ・月の1日の動き方は，太陽の動き方と似ていることを理解する。 ・月は，日によって見える形が変わることを理解する。	時間的・空間的　比較　関係付け
○まとめてみよう	1	○月と星の位置の変化について学んだことを生かして問題を解く。	時間的・空間的　多面的に考える

| 4年 | 学図 | 教科書：p.102〜109　配当時数：6時間　配当月：10月 |

1. 季節と生き物の様子-3

● すずしくなると

内容の区分　B 生命・地球

関連する道徳の内容項目　D 生命の尊さ／自然愛護

到達目標

》知識・技能

○夏と秋の生物のようすの違いがわかる。

○校庭などの屋外で生物を安全に観察することができる。

○秋の動物や植物のようすを，記録用紙に記録することができる。

○夏から秋にかけての動物や植物のようすの変化と気温の変化との関係がわかる。

》思考・判断・表現

○生物と気温との関係について，今までの経験などから根拠のある予想や仮説を立てることができる。

○動物や植物のようすを観察して，すずしくなってきたことと生物のようすの変化を関係づけて考えることができる。

○サクラやヘチマなどのようすや，動物などのようすを観察し，夏と比較してその変化を気温と関係づけてとらえ，言葉やグラフなどでまとめることができる。

》主体的に学習に取り組む態度　※「主体的に学習に取り組む態度」は方向目標を示しています。

○秋の生物のようすについて粘り強く追究する活動を通して，秋の生物のようすには夏よりも気温が低くなりすずしくなったことが関係していることを知り，まとめようとする。

評価規準

》知識・技能

○秋になって動物の活動が鈍くなったり，植物は葉の色が変わったり実をつけたりするのは，夏よりも気温が低くなったことと関係していることを理解している。

○秋の生物のようすを安全に観察している。

○秋の生物のようすを記録用紙に正確に記録している。

　　　　　　　　　　　　　　　　　　　　　　　　　●対応する学習指導要領の項目：B(2) ア (ア)(イ)

》思考・判断・表現

○秋の動物や植物のようすと気温とを関係づけて考え，図や言葉などでわかりやすく表現している。

○これからの生物のようすについて立てた予想を発表したり，文章にまとめたりしている。

○友だちの意見を聞いて，自分の予想の妥当性について考えている。

○秋の生物のようすについて，観察した結果をもとに発表し合い，秋の生物のようすと気温の変化との関係について多面的に考察している。

○考察から，夏に比べて気温が低くなってすずしくなり，動物の活動が鈍くなったり，植物が枯れ始めたりしていることを導き出している。

　　　　　　　　　　　　　　　　　　　　　　　　　　　　　●対応する学習指導要領の項目：B(2) イ

≫主体的に学習に取り組む態度

○秋の生物のようすに関心をもって，積極的に観察しようとしている。

○秋の生物と気温との関係について，根拠のある予想・仮説を立てて観察している。

○秋の生物のようすの学習で，わかったこととまだわからないこと，できるようになったこととまだできないことが何かを，自分で考えている。

○生物に関心をもって，大切にしようとしている。

関連する既習内容

学年		内容
3	年	身の回りの生物
4	年	季節と生物 (春～夏)

学習活動

小単元名	時数	学習活動	見方・考え方
○すずしくなると	6	○秋の動物や植物のようすと気温との関係について調べる。 ・夏と同時刻，同じ場所で，1週間ごとに気温を測り，夏に測った気温と比較する。 ・昆虫などの動物の秋の活動のようすを，夏のようすと比べながら観察し，記録する。 ・秋のサクラを，夏のサクラのようすと比べながら観察し，記録する。 ・秋のヘチマを，夏のヘチマのようすと比べながら観察し，記録する。 ・測った気温の変化を折れ線グラフに表したり，観察した生物を種類ごとに整理したりしてまとめる。 ・生物のようすと気温の変化との関係について考察する。 ・秋になって夏よりも気温が低くなると，昆虫などの動物の活動は鈍くなり，見られる数や種類も少なくなることを理解する。 ・秋になって夏よりも気温が低くなると，植物は実をつけたり成長が止まったりしていることを理解する。 ・これから生物がどのように変わっていくか，気温と関係づけて予想する。	共通性・多様性　比較 関係付け

| 4年 | 学図 | 教科書：p.110〜119　配当時数：6時間　配当月：10月 |

7. 自然の中の水

内容の区分　B 生命・地球

関連する道徳の内容項目　D 自然愛護

到達目標

≫知識・技能

○水は地面や水面から蒸発し水蒸気となって空気中に含まれることと，空気中の水蒸気は冷やされると再び水になることがわかる。

○水の自然蒸発を調べる実験を適切に行い，その結果を記録することができる。

≫思考・判断・表現

○水の自然蒸発について，これまでの学習や経験から，根拠のある予想や仮説を立てることができる。

○予想や仮説を確かめるための実験計画を立てることができる。

○地面や水面から水が蒸発していることや，空気中の水蒸気が冷やされると再び水になって現れることをわかりやすくまとめることができる。

≫主体的に学習に取り組む態度　　※「主体的に学習に取り組む態度」は方向目標を示しています。

○自然の中の水について粘り強く追究する活動を通して，自然界での水の循環を知り，まとめようとする。

評価規準

≫知識・技能

○水は地面や水面から蒸発し水蒸気となって空気中に含まれることを理解している。

○空気中の水蒸気は冷やされると再び水になることを理解している。

○水の自然蒸発を調べる実験を適切に行い，その結果を正確に記録している。

●対応する学習指導要領の項目：B(4) ア (イ)

≫思考・判断・表現

○空気中の水蒸気の有無を調べる実験について，つめたい飲み物の入ったペットボトルに水滴がついているようすを見た経験から，根拠のある予想や仮説を立てている。

○立てた予想を発表したり，文章にまとめたりしている。

○友だちの意見を聞いて，自分の予想の妥当性について考えている。

○予想を確かめるための実験を計画している。

○水の自然蒸発を調べる実験結果から，水は地面や水面などから蒸発して水蒸気となり，空気中に含まれていくことを導き出している。

●対応する学習指導要領の項目：B(4) イ

≫主体的に学習に取り組む態度

○水の自然蒸発を調べる実験計画について，友だちとの話し合いを通して自らの考えを見直している。

○自然の中の水の学習で，わかったこととまだわからないこと，できるようになったこととまだできないことが何かを，自分で考えている。

関連する既習内容

学年		内容
3	年	太陽と地面の様子
4	年	天気の様子 (天気による 1 日の気温の変化)
4	年	雨水の行方と地面の様子

学習活動

小単元名	時数	学習活動	見方・考え方
1. 水のゆくえ	3	○地面などにたまった水のゆくえを調べる。 ・水の染み込まないような場所にたまった水や容器に入った水が，しばらくするとなくなっていることから問題を見つける。 ・今までに経験したり学んだりしたことから，水のゆくえについて根拠をもって予想し，調べ方の計画を立てる。 ・ラップで蓋をしたビーカーと蓋をしないビーカーに同じ量の水を入れて日の当たる場所に置き，2，3日後にようすを見る。 ・もう 1 つの蓋をしないビーカーにも同じ量の水を入れて日の当たらない場所に置き，2，3日後にようすを見る。 ・水の減り方は，日なたの蓋をしないビーカー，日陰の蓋をしないビーカー，日なたの蓋をしたビーカーの順に多かったことから，考察する。 ・考察から，水が水面から空気中に出ていくことと，日陰より日なたの方が水が水面から空気中に出ていく量が多いことを導き出す。 ・水は地面や水面から目に見えない水蒸気となって空気中に出ていくことと，この現象を水の蒸発ということを理解する。 ・地面や水面から蒸発した水が，姿を変えて水蒸気となることを理解する。	時間的・空間的　比較 関係付け
2. 空気中の水じょう気	2	○空気中に水蒸気があるのかどうかを調べる。 ・つめたい飲み物を入れた容器の外側についている水滴を見た経験や，これまでに学んだことから予想する。 ・氷水を入れた容器で，水滴のつき方を調べる。 ・氷水を入れた容器に水滴がついたことから考察する。 ・空気中には水蒸気があり，水蒸気は冷やされると再び水になるということを理解する。 ・自然の中の水の循環について理解する。	時間的・空間的 関係付け 多面的に考える
○まとめてみよう	1	○自然の中の水について学んだことを生かして問題を解く。	時間的・空間的 多面的に考える

| 4年 | 学図 | 教科書：p.120〜135　配当時数：10時間　配当月：10〜11月 |

● もののせいしつ2

8. 水の3つのすがた

内容の区分 A 物質・エネルギー

到達目標

≫知識・技能

○水は温度によって，固体（氷），液体（水），気体（水蒸気）に姿を変えることがわかる。

○水蒸気は目に見えないことと，目に見える湯気は細かい水の粒であることがわかる。

○水は，氷になると体積が増えることがわかる。

○水を熱したり冷やしたりしたときの状態変化を調べる実験を適切に行い，その結果を正確に記録することができる。

≫思考・判断・表現

○水の温度と状態変化との関係について，今までの経験などから根拠のある予想や仮説を立てることができる。

○水の三態変化を温度の変化と関係づけてとらえ，その関係を図や言葉でわかりやすくまとめることができる。

≫主体的に学習に取り組む態度　※「主体的に学習に取り組む態度」は方向目標を示しています。

○水の三態変化について粘り強く追究する活動を通して，水は温度によってその姿を変えることを知り，まとめようとする。

評価規準

≫知識・技能

○水は温度によってその姿を，固体（氷），液体（水），気体（水蒸気）に変えることを理解している。

○水蒸気は目に見えないことと，目に見える湯気は細かい水の粒であることを理解している。

○水は，氷になると体積が増えることを理解している。

○実験用ガスこんろなどの実験器具を適切に扱い，安全に実験している。

○水の温度の変化を，折れ線グラフなどにわかりやすく表している。

○水を熱したり冷やしたりする実験を適切に行い，その結果を正確に記録している。

　　　　　　　　　　　　　　　　　　　　　　　　　　　● 対応する学習指導要領の項目：A(2) ア (ウ)

≫思考・判断・表現

○水の姿の変化を温度の変化と関係づけて考え，その関係を図や言葉などでわかりやすく表現している。

○立てた予想を発表したり，文章にまとめたりしている。

○友だちの意見を聞いて，自分の予想の妥当性について考えている。

○予想を確かめるための実験を計画している。

○水を熱したり冷やしたりした実験の結果をもとに発表し合い，水の温度と状態変化との関係について多面的に考察している。

○考察から，水は温度によって，固体，液体，気体に姿を変えることを導き出している。

　　　　　　　　　　　　　　　　　　　　　　　　　　　● 対応する学習指導要領の項目：A(2) イ

≫主体的に学習に取り組む態度

○水の三態変化に関心をもって，積極的に実験しようとしている。

○水の三態変化と温度変化との関係について問題を見つけ，根拠のある予想・仮説を立てて実験している。

○水の三態変化の学習で，わかったこととまだわからないこと，できるようになったこととまだできないことが何かを，自分で考えている。

関連する既習内容

学年		内容
4	年	天気の様子 (水の自然蒸発と結露)
4	年	金属，水，空気と温度 (温度と体積の変化，温まり方の違い)

学習活動

小単元名	時数	学習活動	見方・考え方
1. 水を熱したときの様子①	3	○水を熱したときの，温度の変化と水のようすについて調べる。 ・水を自然蒸発させたときのことを振り返ったり，水を熱したときのようすを見たりして，気づいたことを話し合い，問題を見つける。 ・水を熱したときの温度やようすの変化について予想し，調べ方の計画を立てる。 ・教科書 P.123 のような装置で，水を熱しながら 2 分おきに水の温度と水のようすを調べる。 ・水の温度変化がわかりやすいように，結果を折れ線グラフに表す。 ・実験から，水は熱し続けると 100℃ 近くまで温度が上がり，そのまま熱し続けても温度は上がらないことを導き出す。 ・水は，100℃ 近くまで温度が上がると水の中から激しく泡が出て水が減ることを理解する。 ・水の温度が 100℃ 近くまで上がって水の中から激しく泡が出てくることを沸騰ということを理解する。 ・沸騰しているときに水の中から出てくる泡は水蒸気で，水が姿を変えたものであることを理解する。	質的・実体的　比較 関係付け

1. 水を熱したときの様子②	2	○水が沸騰しているときに出てくる泡について調べる。 ・水の自然蒸発について学習したことなどから，水が沸騰しているときに出てくる泡が水蒸気なのかどうかについて根拠のある予想を立てる。 ・教科書 P.126 のような水が沸騰しているときに出てくる泡を集める装置を準備する。 ・水が沸騰しているときは袋が膨らみ，熱するのをやめると袋がしぼんで内側に水がついたことから考察する。 ・沸騰している水から出てくる泡は水蒸気であることと，その水蒸気は冷えるともとの水に戻ることを理解する。 ・湯気は，水蒸気が冷やされて細かい水の粒になったもので，再び蒸発して水蒸気になると見えなくなることを理解する。 ・目には見えず，自由に形を変えられる水蒸気のような姿を気体ということを理解する。 ・目には見え，自由に形を変えられる水や湯気のような姿を液体ということを理解する。	質的・実体的 関係付け
2. 水がこおるときの様子①	3	○水を冷やしたときの，温度の変化と水のようすについて調べる。 ・冬に湖やバケツの中の水が凍っているのを見た経験から，問題を見つける。 ・水を冷やして凍るときの温度やようすを予想し，実験計画を立てる。 ・教科書 P.131 のような二重ビーカーを使った装置で，水を冷やしながら 2 分おきに水の温度と水のようすを調べる。 ・水の温度変化がわかりやすいように，結果を折れ線グラフなどに表す。 ・水は冷やし続けると 0℃で凍り始め，水が全て凍るまで温度が 0℃から変化しないことを理解する。 ・水が全て凍ると温度はさらに下がることを理解する。 ・水は凍ると体積が増えることを理解する。	質的・実体的　比較 関係付け
2. 水がこおるときの様子②	1	○温度と水の姿との関係についてまとめる。 ・水は，温度によって氷や水蒸気に変わることを理解する。 ・氷のように形がはっきりと目に見える姿を固体ということを理解する。 ・水や湯気のように形を自由に変えられる姿を液体ということを理解する。 ・水蒸気のように形を自由に変えられ，目には見えない姿を気体ということを理解する。 ・水は，温度によって気体，液体，固体と姿が変わることを理解する。	質的・実体的 関係付け
○まとめてみよう	1	○水の三態変化について学んだことを生かして問題を解く。	質的・実体的 多面的に考える

| 4年 | 学図 |

教科書：p.136〜147　配当時数：11 時間　配当月：11〜12 月

● もののせいしつ 3

9. ものの体積と温度

| 内容の区分 | A 物質・エネルギー

| 関連する道徳の内容項目 | D 生命の尊さ

到達目標

≫ 知識・技能

○空気，水，金属は，あたためたり冷やしたりすると体積が変化することがわかる。

○あたためたり冷やしたりしたときの体積の変化が大きいのは，空気，水，金属の順であることがわかる。

○物の体積と温度との関係を調べる実験を安全に行い，その結果を記録することができる。

≫ 思考・判断・表現

○物の体積と温度との関係について，今までの経験などから根拠のある予想や仮説を立てることができる。

○物の体積と温度を関係づけてとらえ，その関係を図や言葉でわかりやすくまとめることができる。

≫ 主体的に学習に取り組む態度　　※「主体的に学習に取り組む態度」は方向目標を示しています。

○物の体積と温度について粘り強く追究する活動を通して，物の体積と温度の変化には関係があることを知り，まとめようとする。

評価規準

≫ 知識・技能

○空気，水，金属は，あたためると体積が増え，冷やすと体積が減ることを理解している。

○温度変化による体積の変化が大きいのは，空気，水，金属の順であることを理解している。

○金属球実験器などの実験器具を適切に扱い，安全に実験している。

○実験の結果を，図や言葉で正確に記録している。

──● 対応する学習指導要領の項目：A(2) ア (ア)

≫ 思考・判断・表現

○物の体積と温度を関係づけて考え，その関係を図や言葉などでわかりやすく表現している。

○立てた予想を発表したり，文章にまとめたりしている。

○友だちの意見を聞いて，自分の予想の妥当性について考えている。

○予想を確かめるための実験を計画している。

○空気，水，金属をあたためたり冷やしたりした結果をもとに発表し合い，物の体積と温度との関係について多面的に考察している。

○考察から，空気，水，金属は，あたためたり冷やしたりすると体積が変化することを導き出している。

──● 対応する学習指導要領の項目：A(2) イ

≫主体的に学習に取り組む態度

○物の体積と温度との関係に関心をもって，積極的に実験しようとしている。

○物の体積と温度との関係について問題を見つけ，根拠のある予想・仮説を立てて実験している。

○物の体積と温度の学習で，わかったこととまだわからないこと，できるようになったこととまだできないことが何かを，自分で考えている。

学習活動

小単元名	時数	学習活動	見方・考え方
1. 空気の体積と温度	4	○空気の体積と温度との関係を調べる。 ・からのペットボトルに，栓をしたり口に石けん水の膜を作ったりしたものを湯の中に入れたときのようすで気づいたことを話し合う。 ・口に石けん水の膜を張った試験管を上・横・下に向け，試験管の中の空気をあたためたときに石けん水の膜が膨らんだことから問題を見つける。 ・試験管をあたためたときのようすから，空気の体積と温度との関係を予想し，調べ方の計画を立てる。 ・試験管の口に石けん水の膜を張り，試験管の中の空気をあたためたり冷やしたりする。 ・実験結果から，空気の温度変化と体積の変化を関係づけて考察し，結論を導き出す。 ・空気は，あたためられると体積が増え，冷やされると体積が減ることを理解する。 ・容器を湯に入れると栓が飛び出すのは，中の空気があたためられて体積が増えたことで栓を内側からおし出したことを理解する。	質的・実体的　比較 関係付け
2. 水の体積と温度	3	○水の体積と温度との関係を調べる。 ・これまでに学習したことから，水の体積と温度との関係について問題を見つけ，予想する。 ・スタンドに固定した試験管いっぱいに水を入れ，試験管の中の水を冷やしたりあたためたりする。 ・教科書P.142のような装置で，水を冷やしたりあたためたりして，体積のわずかな変化を調べる。 ・実験結果から，水の温度変化と体積の変化を関係づけて考察し，結論を導き出す。 ・水は空気同様に，冷やされると体積が減り，あたためられると体積が増えることを理解する。 ・温度の変化による水の体積の変化は，空気の場合より小さいことを理解する。	質的・実体的　比較 関係付け

3. 金ぞくの体積と温度	3	○金属の体積と温度との関係を調べる。	質的・実体的　比較
		・空気や水をあたためたり冷やしたりしたときのようすから，金属の体積と温度との関係について問題を見つけ，予想する。	関係付け
		・金属球実験器を使い，金属球をあたためたり冷やしたりして，輪を通り抜けるかどうか調べる。	
		・実験結果から，金属の温度変化と体積の変化を関係づけて考察し，結論を導き出す。	
		・金属は，あたためられると体積が増え，冷やされると体積が減ることを理解する。	
		・温度の変化による金属の体積の変化は，空気や水の場合よりとても小さいことを理解する。	
○まとめてみよう	1	○物の体積と温度について学んだことを生かして問題を解く。	質的・実体的
			多面的に考える

4年 学図　　　　　　　　　　　　　　　　教科書：p.148～152　配当時数：4時間　配当月：1月

● 月や星の動き

 冬の星

内容の区分 B 生命・地球
関連する道徳の内容項目 A 希望と勇気，努力と強い意志　C 国際理解，国際親善

到達目標

知識・技能
○冬の星も夏の星と同じように，明るさや色に違いがあることがわかる。
○冬の星も秋の星と同じように，時刻によって位置は変わるが，並び方は変わらないことがわかる。
○夜，おとなと一緒に，安全に星を観察することができる。

思考・判断・表現
○冬の星の時間の経過に伴う位置の変化や並び方について，これまでの学習や経験から，根拠のある予想や仮説を立てることができる。
○星の位置の変化を時間の経過と関係づけてとらえ，図や言葉でわかりやすくまとめることができる。

主体的に学習に取り組む態度　※「主体的に学習に取り組む態度」は方向目標を示しています。
○冬の星について粘り強く追究する活動を通して，冬の星も秋の星と同じように時刻によって位置は変わるが並び方は変わらないことを知り，まとめようとする。

評価規準

知識・技能
○冬の星も夏の星と同じように，明るさや色は星によって違っていることを理解している。
○冬の星も秋の星と同じように，1日のうちでも時刻によって位置は変わるが，並び方は変わらないことを理解している。
○時刻を変えたときも同じ場所で冬の星の動きを適切に観察し，正確に記録している。
　　　　　　　　　　　　　　　　　　　　　　　　　　　　対応する学習指導要領の項目：B(5) ア (イ)(ウ)

思考・判断・表現
○オリオン座の位置の変化を調べる観察について，夏の大三角で調べた経験などから，根拠のある予想や仮説を立てている。
○立てた予想を発表したり，文章にまとめたりしている。
○友だちの意見を聞いて，自分の予想の妥当性について考えている。
○冬の星の観察結果から，時刻によって星の位置は変化するが，星の並び方は変化しないことを図や言葉でわかりやすく表現している。
　　　　　　　　　　　　　　　　　　　　　　　　　　　　対応する学習指導要領の項目：B(5) イ

主体的に学習に取り組む態度
○冬の星を調べる観察計画について，友だちとの話し合いを通して自らの考えを見直している。
○冬の星の位置や並び方について問題を見つけ，根拠のある予想・仮説を立てて観察している。
○冬の星の学習で，わかったこととまだわからないこと，できるようになったこととまだできないことが何かを，自分で考えている。

関連する既習内容

学年		内容
3	年	太陽と地面の様子 (日陰の位置と太陽の位置の変化)
4	年	月と星 (星の明るさ，色，星の位置の変化)

学習活動

小単元名	時数	学習活動	見方・考え方
○冬の星	4	○時間の経過によって，冬の星の位置や並び方がどう変化するのかを調べる。 ・夏の星を観察したときのようすを振り返り，冬のオリオン座の星にも明るさや色に違いがあることを理解する。 ・午後7時頃と午後8時頃に，同じ場所でオリオン座を観察し，星の位置を記録する。 ・観察結果から，冬の星も時間がたつと星の位置は変わるが，星どうしの並び方は変わらないことを導き出す。	時間的・空間的　比較 関係付け

| 4年 | 学図 | 教科書：p.154〜161　配当時数：6時間　配当月：1〜2月 |

1. 季節と生き物の様子-4
● 寒さの中でも

内容の区分　B 生命・地球

関連する道徳の内容項目　C 国際理解，国際親善　D 生命の尊さ／自然愛護

到達目標

≫ 知識・技能
○秋と冬の生物のようすの違いがわかる。
○校庭などの屋外で生物を安全に観察することができる。
○冬の動物や植物のようすを，記録用紙に記録することができる。
○秋から冬にかけての動物や植物のようすの変化と気温の変化との関係がわかる。
○1年間の生物のようすを振り返って，季節ごとの生物のようすと気温の変化には関係があることがわかる。

≫ 思考・判断・表現
○生物と気温との関係について，今までの経験などから根拠のある予想や仮説を立てることができる。
○動物や植物のようすを観察して，気温がさらに低くなったことと生物のようすの変化を関係づけて考えることができる。
○動物や植物の冬のようすを観察して春から秋までのようすと比較し，それらの変化を気温の変化と関係づけてとらえ，まとめることができる。
○1年間の生物のようすを気温と関係づけてまとめ，発表することができる。

≫ 主体的に学習に取り組む態度　※「主体的に学習に取り組む態度」は方向目標を示しています。
○春から冬の生物のようすについて粘り強く追究する活動を通して，生物のようすには気温が関係していることを知り，まとめようとする。

評価規準

≫ 知識・技能
○秋と冬の生物のようすの違いについて理解している。
○冬になって動物の姿があまり見られなくなったり，植物が枯れたりするのは，秋よりも気温が下がったことと関係していることを理解している。
○冬の生物のようすを安全に観察し，記録用紙に正確に記録している。
○1年間の生物のようすを観察した結果から，生物のようすの変化には気温が関係していることを理解している。

　　　　　　　　　　　　　　　　　　　　　　　　　　➡対応する学習指導要領の項目：B(2) ア (ア)(イ)

≫思考・判断・表現

○秋から冬にかけての生物のようすの変化を気温の変化と関係づけてとらえ，図や言葉などでわかりやすく表現している。

○生物と気温との関係について，立てた予想を発表したり，文章にまとめたりしている。

○友だちの意見を聞いて，自分の予想の妥当性について考えている。

○冬の生物のようすについて，観察した結果をもとに発表し合い，冬の生物のようすと気温の変化との関係について多面的に考察している。

○考察から，秋に比べて気温が下がって寒くなり，見ることができる動物の種類が減ったり，植物が枯れたりしていることを導き出している。

○季節を順に追って，1年間の生物のようすを気温の変化と関係づけてまとめている。

●━━━ 対応する学習指導要領の項目：B(2) イ

≫主体的に学習に取り組む態度

○冬の生物のようすに関心をもって，積極的に観察しようとしている。

○冬の生物と気温との関係について，根拠のある予想・仮説を立てて観察している。

○冬の生物や1年間の生物のようすの学習で，わかったこととまだわからないこと，できるようになったこととまだできないことが何かを，自分で考えている。

○生物に関心をもって，大切にしようとしている。

関連する既習内容

学年		内容
3	年	身の回りの生物
4	年	季節と生物 (春〜秋)

学習活動

小単元名	時数	学習活動	見方・考え方
○寒さの中でも①	4	○冬の動物や植物のようすと気温との関係について調べる。 ・秋と同時刻，同じ場所で，1週間ごとに気温を測り，秋に測った気温と比較する。 ・昆虫や鳥などの動物の冬の活動のようすを，秋のようすと比べながら観察し，記録する。 ・冬のサクラを，秋のサクラのようすと比べながら観察し，記録する。 ・生物のようすと気温の変化との関係について考察する。 ・冬になって秋よりもさらに気温が低くなると，動物は落ち葉の下やたまごなどの姿で冬を越すため，見られる数や種類が少なくなることを理解する。 ・冬になって秋よりもさらに気温が低くなると，植物は葉を落としたり枯れたり，枝先の芽がうろこのようなもので覆われていることなどを理解する。	共通性・多様性　比較 関係付け

○寒さの中でも②	2	○これまで観察してきた生物の，季節による変化のようすを振り返る。	共通性・多様性　比較
		・生物の種類ごとに記録用紙を春から冬まで順に並べ，変化のようすを追っていく。	関係付け
		・春から続けて測った気温の変化を折れ線グラフに表したり，観察した生物を種類ごとに整理したりしてまとめる。	多面的に考える
		・生物のようすと気温の変化との関係について考察する。	
		・動物や植物の1年間の活動や成長のようすを気温の変化と関係づけてとらえ，文章にまとめて発表する。	
		・動物の活動は，気温が高い季節と，気温が低い季節で違いがあることを理解する。	
		・植物の成長は，気温が高い季節と，気温が低い季節で違いがあることを理解する。	

| 4年 | 学図 |

教科書：p.162〜177　配当時数：9時間　配当月：2月

● もののせいしつ4

10. ものの温まり方

内容の区分　A 物質・エネルギー

到達目標

知識・技能

○金属，水，空気について，それぞれのあたたまり方と，その差異点や共通点がわかる。

○アルコールランプや示温テープなどを適切に扱うことができる。

○金属，水，空気のあたたまり方を調べる実験を安全に行い，その結果を正確に記録することができる。

思考・判断・表現

○水や空気のあたたまり方について，今までの経験などから根拠のある予想や仮説を立てることができる。

○金属のあたたまり方と水や空気のあたたまり方との違いをとらえ，その違いを言葉でわかりやすくまとめることができる。

主体的に学習に取り組む態度　※「主体的に学習に取り組む態度」は方向目標を示しています。

○物のあたたまり方について粘り強く追究する活動を通して，金属，水，空気それぞれのあたたまり方を知り，まとめようとする。

評価規準

知識・技能

○金属は熱せられた所から順に遠くの方へあたたまっていくことを理解している。

○水と空気は，熱せられた所がまずあたたまり，温度が高くなった所が上の方に動いていくことで全体があたたまることを理解している。

○アルコールランプや示温テープなどの実験器具を適切に扱い，安全に実験している。

○実験の結果を，図や言葉で正確に記録している。

●対応する学習指導要領の項目：A(2) ア (イ)

思考・判断・表現

○水のあたたまり方について，金属のあたたまり方を調べた経験などから根拠のある予想や仮説を立てている。

○立てた予想を発表したり，文章にまとめたりしている。

○友だちの意見を聞いて，自分の予想の妥当性について考えている。

○予想を確かめるための実験を計画している。

○金属，水，空気をあたためた結果をもとに発表し合い，金属，水，空気のあたたまり方を比較しながら考察している。

●対応する学習指導要領の項目：A(2) イ

主体的に学習に取り組む態度

○物のあたたまり方に関心をもって，積極的に実験しようとしている。

○物のあたたまり方について問題を見つけ，根拠のある予想・仮説を立てて実験している。

○物のあたたまり方の学習で，わかったこととまだわからないこと，できるようになったこととまだできないことが何かを，自分で考えている。

関連する既習内容

学年		内容
4	年	金属，水，空気と温度（温度と体積の変化，水の三態変化）

学習活動

小単元名	時数	学習活動	見方・考え方
1. 金ぞくの温まり方	3	○金属のあたたまり方を調べる。 ・調理をしているときにフライパンやなべがあたたまるようすを振り返って，問題を見つける。 ・これまでの生活のなかで経験したことなどから，金属のあたたまり方を予想し，教科書 P.164 の図に記入する。 ・ろうを塗った金属の棒や板の一部を熱し，ろうの溶けるようすを調べる。 ・実験結果から，熱した部分とろうが溶けたようすを関係づけて考察し，結論を導き出す。 ・金属は，熱せられた所から順に熱が伝わってあたたまっていくことを理解する。	質的・実体的　比較 関係付け
2. 水の温まり方	3	○水のあたたまり方を調べる。 ・これまでの学習や金属のあたたまり方を振り返り，水のあたたまり方を予想する。 ・水を入れた試験管の上の方や中程を熱し，示温テープや示温インクを使って水のあたたまり方を見る。 ・試験管の中の水が上の方しかあたたまらなかったことから，ビーカーに入れた水のあたたまり方を予想する。 ・予想したビーカーに入れた水のあたたまり方を，教科書 P.169 の図に記入する。 ・水を入れたビーカーの底にコーヒーの出し殻や示温インクを入れ，ビーカーの端を熱して水のあたたまり方を調べる。 ・実験結果から，出し殻の動きや示温インクの色の変化と水の動きを関係づけて考察し，結論を導き出す。 ・水は，熱せられて温度が高くなった水が上の方に動いて，代わりに上の冷たい水が下に沈むことで水全体があたたまることを理解する。	質的・実体的　比較 関係付け
3. 空気の温まり方	2	○空気のあたたまり方を調べる。 ・暖房中の教室で，上の方や下の方などいろいろな場所の室温を測る。 ・実験結果や，水のあたたまり方で学習したことから考察し，結論を導き出す。 ・室温は，下の方に比べ上の方の温度が高くあたたかいことを理解する。 ・空気は，あたためられて温度が高くなった空気が上の方に動いていくことで，部屋全体の空気があたたまることを理解する。 ・水と空気のあたたまり方が同じであることを理解する。	質的・実体的　比較 関係付け

4年

○もののせいしつをまとめよう／○まとめてみよう	1	○これまでに学習した物の性質についてまとめたり，学んだことを生かして問題を解く。 ・教科書 P.174，175 で，これまでに学習した物の性質についてまとめる。 ・物のあたたまり方について学んだことを生かして問題を解く。	質的・実体的 多面的に考える

| 4年 | 学図 |

教科書：p.178〜189　配当時数：7時間　配当月：2〜3月

11. 人の体のつくりと運動

内容の区分　B 生命・地球

関連する道徳の内容項目　A 希望と勇気，努力と強い意志　D 生命の尊さ／自然愛護

到達目標

≫知識・技能
○人の体には，全身にたくさんの骨と筋肉があることがわかる。

○人の体は，骨と筋肉のはたらきによって，関節のところで体を曲げたり，いろいろな動きができたりすることがわかる。

○資料を見たり人体骨格模型を利用して，人の体のつくりと動き方を調べることができる。

≫思考・判断・表現
○骨や筋肉のつくりと体の動き方との関係について，今までの経験などから根拠のある予想や仮説を立てることができる。

○人の骨や筋肉と体の動き方とを関係づけてとらえ，模型を使ったり言葉でまとめるなどして，わかりやすく説明することができる。

○ほかの動物の体のつくりを骨と筋肉に着目して観察し，人と比較して，図や言葉でまとめることができる。

≫主体的に学習に取り組む態度　※「主体的に学習に取り組む態度」は方向目標を示しています。
○人の体のつくりと運動について粘り強く追究する活動を通して，体のつくりと動き方には関係があることを知り，まとめようとする。

評価規準

≫知識・技能
○人の骨や筋肉のつくりと体の動き方との関係を理解している。

○人体骨格模型などを適切に利用して，体のつくりや動きを調べている。

○骨と骨のつなぎ目で体が曲がることと，その部分を関節ということを理解している。

○人の体には，たくさんの骨と筋肉があることを理解している。

○骨や筋肉のつくりを調べ，ノートに正確に記録している。

● 対応する学習指導要領の項目：B(1) ア (ア)(イ)

≫思考・判断・表現
○体のつくりと動きとを関係づけて考え，その関係を図や言葉などでわかりやすく表現している。

○立てた予想を発表したり，文章にまとめたりしている。

○友だちの意見を聞いて，自分の予想の妥当性について考えている。

○予想を確かめるための観察を計画している。

○体のつくりについて観察した結果をもとに発表し合い，骨や筋肉のつくりと体の動き方との関係について多面的に考察している。

○考察から，人が体を動かすことができるのは，骨や筋肉のはたらきによることを導き出している。

● 対応する学習指導要領の項目：B(1) イ

≫主体的に学習に取り組む態度

○骨と筋肉のつくりに関心をもって，積極的に調べたり観察したりしようとしている。

○人の体のつくりと運動の学習で，わかったこととまだわからないこと，できるようになったこととまだできないことが何かを，自分で考えている。

関連する既習内容

学年		内容
3	年	身の回りの生物

学習活動

小単元名	時数	学習活動	見方・考え方
1. わたしたちの体とほね	3	○腕や手のつくりを調べる。 ・人の体の中には骨があって体をささえていることを理解する。 ・腕や手のつくりを，骨や曲がるところに着目して調べる。 ・自分の腕や手を観察したり調べたりした結果から考察する。 ・人の腕や手にはかたい骨があることと，腕や手は決まったところが曲がることを理解する。 ・骨と骨のつなぎ目で体が曲がることと，その部分を関節ということを理解する。 ・体にあるたくさんの骨が体をささえたり，体の中の心臓などを守ったりしていることを理解する。 ・教科書P.184の資料を見たり，動物園や博物館に行ったりして，人以外の動物の骨についても調べ，理解する。	共通性・多様性　比較 関係付け
2. 体が動くしくみ	3	○体が動く仕組みについて調べる。 ・体が動く仕組みについて話し合って，予想する。 ・教科書P.186を参考に，腕を曲げたり伸ばしたりして，筋肉の動きを調べる。 ・観察したり調べたりした結果から考察する。 ・骨には筋肉がついていることを理解する。 ・腕が曲がるときには，内側の筋肉が縮み外側の筋肉が緩むことを理解する。 ・腕が伸びるときには，内側の筋肉が緩み外側の筋肉が縮むことを理解する。 ・筋肉が縮んだり緩んだりすることで，腕は関節の部分で曲がることを理解する。 ・人は，骨と筋肉のはたらきによって体を動かしたりささえたりしていることを理解する。 ・教科書P.184の資料を見たり，動物園や博物館に行ったりして，人以外の動物の骨や筋肉についても調べ，理解する。	共通性・多様性　比較 関係付け
○まとめてみよう	1	○人の体のつくりと運動について学んだことを生かして問題を解く。	共通性・多様性 多面的に考える

MEMO

| 5年 | 学図 |

教科書：p.6〜17　配当時数：10 時間　配当月：4〜5月

1. ふりこの運動

| 内容の区分 | A 物質・エネルギー

| 関連する道徳の内容項目 | A 希望と勇気，努力と強い意志／真理の探究　C 国際理解，国際親善

到達目標

≫知識・技能

○振り子が 1 往復する時間は，振り子の長さによって決まることがわかる。

○振り子が 1 往復する時間は，おもりの重さ，振れ幅によっては変化しないことがわかる。

○振り子が 1 往復する時間が何によって変わるのかを調べる実験を，条件を制御しながら適切に行い，その結果を正確に記録することができる。

≫思考・判断・表現

○振り子が 1 往復する時間と，振り子の長さ・おもりの重さ・振れ幅との関係について，実際に振り子を動かしたことから予想や仮説を立てることができる。

○予想や仮説を確かめるための実験計画を立てることができる。

○複数の実験の結果から論理的に思考し，結論を導き出すことができる。

○振り子が 1 往復する時間と振り子の長さを関係づけてとらえ，その関係についてわかりやすくまとめることができる。

≫主体的に学習に取り組む態度　※「主体的に学習に取り組む態度」は方向目標を示しています。

○振り子の運動について粘り強く追究する活動を通して，振り子が 1 往復する時間には振り子の長さが関係していることを知り，まとめようとする。

評価規準

≫知識・技能

○振り子が 1 往復する時間は，振り子の長さによって決まることを理解している。

○振り子が 1 往復する時間は，おもりの重さや振れ幅によっては変化しないことを理解している。

○調べたい条件以外の条件は，全て同じにすることを理解している。

○振り子の長さ，おもりの重さ，振れ幅の条件に着目して実験し，表にわかりやすく整理して記録している。

○条件制御を適切に行いながら，振り子が 1 往復する時間を変化させる条件を調べる実験を行い，その結果を正確に記録している。

━━━● 対応する学習指導要領の項目：A(2) ア (ア)

≫思考・判断・表現

○振り子が 1 往復する時間を変化させる条件について，実際に振り子を動かしたときに気づいたことなどから，根拠のある予想や仮説を立てている。

○立てた予想を発表したり，文章にまとめたりしている。

○友だちの意見を聞いて，自分の予想の妥当性について考えている。

○予想を確かめるための実験を計画している。

○振り子の実験結果から，振り子が 1 往復する時間は，振り子の長さによって決まることを導き出している。

━━━● 対応する学習指導要領の項目：A(2) イ

≫主体的に学習に取り組む態度

○振り子が1往復する時間と，振り子の長さ・おもりの重さ・振れ幅との関係を調べる実験計画について，友だちとの話し合いを通して自らの考えを見直している。

○振り子の1往復する時間のきまりについて問題を見つけ，根拠のある予想・仮説をもとに実験計画を立て，実験結果から自分の考えをまとめている。

○振り子の運動の学習で，わかったこととまだわからないこと，できるようになったこととまだできないことが何かを，自分で考えている。

関連する既習内容

学年		内容
3	年	風とゴムの力の働き

学習活動

小単元名	時数	学習活動	見方・考え方
1. ふりこが1往復する時間①	2	○振り子が1往復する時間を，振れ幅に着目して調べる。 ・教科書P.6，7の振り子の法則を発見したガリレオ・ガリレイの話を読む。 ・振り子について理解する。 ・教科書P.8を参考に振り子実験器を作り，振り子が振れるようすを観察し，問題を見つける。	量的・関係的　比較 関係付け　条件制御
1. ふりこが1往復する時間②	2	○振り子が1往復する時間は，振れ幅が変わるとどうなるか調べる。 ・振り子の長さとおもりの重さを同じにして，振り子の振れ幅を変えて実験する。 ・振り子が1往復する時間は，振れ幅が変わっても同じであることを導き出す。	量的・関係的　比較 関係付け　条件制御
2. ふりこの法則	5	○振り子が1往復する時間は，何によって変わるのかを調べる。 ・これまでの学習を振り返り，予想する。 ・振り子が1往復する時間に関係する条件を調べるときは，調べる条件だけを変え，その他の条件は同じにすることを理解する。 ・振り子の振れ幅とおもりの重さを同じにして，振り子の長さを変えて実験する。 ・振り子の振れ幅と長さを同じにして，おもりの重さを変えて実験する。 ・実験結果をグラフに整理して，わかりやすく記録する。 ・振り子が1往復する時間は，振り子の長さによって変わるという振り子の法則を導き出す。	量的・関係的　比較 関係付け　条件制御
○まとめてみよう	1	○振り子の運動について学んだことを生かして問題を解く。	量的・関係的 多面的に考える

| 5年 | 学図 |

教科書：p.18～37　配当時数：14時間　配当月：5～6月

● 生命のつながり-1

2. 種子の発芽と成長

内容の区分　B 生命・地球

関連する道徳の内容項目　C 勤労，公共の精神／伝統と文化の尊重，国や郷土を愛する態度　D 生命の尊さ／自然愛護

到達目標

≫知識・技能

○種子の発芽には，水，空気，適当な温度が関係していることがわかる。

○種子の発芽には，種子の中の養分が使われていることがわかる。

○植物の成長には，水，空気，適当な温度以外に，日光，肥料も関係していることがわかる。

○条件を制御して，発芽や成長の条件を調べる比較実験を正しく行うことができる。

○実験の結果を，正確にわかりやすく記録することができる。

≫思考・判断・表現

○種子の発芽の条件について，根拠のある予想や仮説を立てることができる。

○予想や仮説を確かめるための実験計画を立てることができる。

○実験の条件設定や結果を表にして，わかりやすくまとめることができる。

○複数の実験の結果を多面的に考察し，妥当な結論を導き出すことができる。

≫主体的に学習に取り組む態度　　※「主体的に学習に取り組む態度」は方向目標を示しています。

○植物の発芽と成長について粘り強く追究する活動を通して，発芽の条件と成長の条件を調べる実験では条件制御をしながら
　正確な結果を導き出し，その結果を整理して表にまとめようとする。

評価規準

≫知識・技能

○種子が発芽するためには水，空気，適当な温度が必要であることを理解している。

○種子には，根・茎・葉になる部分と子葉という部分があることを理解している。

○種子には発芽に必要な養分が含まれていることと，発芽には種子の中の養分が使われていることを理解している。

○植物の成長には，水，空気，適当な温度以外に，日光，肥料も関係していることを理解している。

○条件制御をしながら植物の発芽や成長に必要な条件を調べる実験を行い，その条件設定や結果をわかりやすく正確に記録
　している。

● 対応する学習指導要領の項目：B(1) ア (ア)(イ)(ウ)

≫思考・判断・表現

○植物の発芽の条件について，今までに植物を育てた経験や学習したことなどから，根拠のある予想や仮説を立てている。

○立てた予想を発表したり，文章にまとめたりしている。

○友だちの意見を聞いて，自分の予想の妥当性について考えている。

○予想を確かめるための実験計画を立てている。

○発芽前の種子と発芽後の子葉のヨウ素でんぷん反応の違いを関係づけて，植物は種子に含まれている養分を使って発芽していることを導き出している。

○植物の成長の条件について，条件制御をして調べた結果をもとに発表し合い，植物の成長と日光や肥料とを関係づけて多面的に考察している。

○考察から，植物の成長には，水，空気，適当な温度以外に，日光，肥料も関係していることを導き出している。

●対応する学習指導要領の項目：B(1) イ

≫主体的に学習に取り組む態度

○種子の発芽に必要な条件について問題を見つけ，根拠のある予想・仮説をもとに実験計画を立てて実験をしている。

○植物の成長に必要な条件を調べる実験計画について，友だちとの話し合いを通して自らの考えを見直している。

○植物の発芽と成長の学習で，わかったこととまだわからないこと，できるようになったこととまだできないことが何かを，自分で考えている。

○植物に関心をもって，大切にしようとしている。

関連する既習内容

学年		内容
3	年	身の回りの生物
4	年	季節と生物

学習活動

小単元名	時数	学習活動	見方・考え方
1. 種子が発芽する条件	5	○種子の発芽の条件について調べる。 ・教科書 P.18，19 の行田蓮のエピソードから発芽の条件について話し合い，問題を見つける。 ・インゲンマメの種子を使って，発芽に必要な条件を調べる。 ・発芽に何が必要かを調べるときには，調べる条件だけを変えて，それ以外の条件は同じにすることを理解する。 ・発芽に水が必要かどうかを調べるため，水の条件は変えて，ほかの条件は変えないで実験する。 ・発芽に適当な温度が必要かどうかを調べるため，温度の条件は変えて，ほかの条件は変えないで実験する。 ・発芽に空気が必要かどうかを調べるため，空気の条件は変えて，ほかの条件は変えないで実験する。 ・実験の結果から，種子の発芽の条件を話し合って考察する。 ・水，適当な温度，空気の３つの条件が揃うと，種子は発芽することをまとめる。 ・インゲンマメの種子を水につけ，エアポンプで空気を送ると水中でも発芽することを調べる。 ・「4. 実や種子のでき方」の学習で必要になるヘチマの種子をまいて育てる。	共通性・多様性　比較 関係付け　条件制御
2. 種子のつくりと養分 ①	1	○インゲンマメの種子のつくりを調べる。 ・インゲンマメの種子の中のようすを予想し，種子を割って調べる。 ・インゲンマメの種子には，子葉と根・茎・葉になる部分があることを理解する。	共通性・多様性 関係付け
2. 種子のつくりと養分 ②	3	○インゲンマメの種子の中の子葉に含まれているものについて調べる。 ・発芽後，根・茎・葉になる部分が成長する一方で子葉がしぼんだことから，問題を見つける。 ・水に浸しておいた種子と，発芽後にしなびた子葉を使って，種子に養分が含まれているのかどうかを調べる。 ・発芽前の種子と発芽後の子葉をヨウ素液に浸し，でんぷんの有無を調べる。 ・インゲンマメの種子の中の子葉には，でんぷんという養分が含まれていることを理解する。 ・実験の結果から，インゲンマメは種子の中の養分を使って発芽していることを導き出す。	共通性・多様性　比較 関係付け

3. 植物が成長する条件	4	○インゲンマメで，植物の成長に必要な条件を調べる。	共通性・多様性　比較
		・これまでに学習したことや植物を育てた経験から，インゲンマメの成長に必要なものを考え，問題を見つける。	関係付け　条件制御
		・植物の成長に肥料や日光が必要かどうかを調べるための実験を計画する。	
		・条件制御をして，肥料を与えた場合と与えない場合の成長の違いを調べる。	
		・条件制御をして，日光に当てた場合と当てない場合の成長の違いを調べる。	
		・実験の結果をもとに表にまとめ，考察する。	
		・インゲンマメは，日光に当てて肥料を与えたものが最も丈夫に大きく育つことを理解する。	
		・インゲンマメは，肥料を与えても日光に当てなければよく育たないことを理解する。	
		・植物の成長には，日光や肥料が関係していることを理解する。	
○まとめてみよう	1	○植物の発芽と成長について学んだことを生かして問題を解く。	共通性・多様性 多面的に考える

5年

| 5年 | 学図 |

教科書：p.38〜51　配当時数：9時間　配当月：6〜7月

● 生命のつながり-2

3. 魚のたんじょう

| 内容の区分 | B 生命・地球

| 関連する道徳の内容項目 | C 伝統と文化の尊重，国や郷土を愛する態度　D 生命の尊さ／自然愛護

到達目標

≫知識・技能

○メダカには雄と雌があり，雌雄で体のつくりに違いがあることがわかる。

○メダカを飼育し，受精卵から子メダカになるまでの変化を観察することができる。

○メダカのたまごは，受精後にたまごの中が変化して少しずつ魚らしくなって孵化することがわかる。

○メダカのたまごの変化を観察し，観察カードに図や言葉で正確に記録することができる。

≫思考・判断・表現

○メダカの受精後のたまごのようすについて，今までの経験などから根拠のある予想や仮説を立てることができる。

○予想や仮説を確かめるための観察計画を立てることができる。

○孵ったばかりの子メダカの腹の膨らみと子メダカのようすを関係づけてとらえ，膨んだ腹の中の養分でしばらくは餌を食べ
　ずに育つことをわかりやすくまとめることができる。

≫主体的に学習に取り組む態度　※「主体的に学習に取り組む態度」は方向目標を示しています。

○メダカのたまごの変化について粘り強く観察する活動を通して，メダカはたまごの中で徐々に魚らしくなることを知り，ま
　とめようとする。

評価規準

≫知識・技能

○メダカには雄と雌があり，雌雄の体のつくりの違いを理解している。

○メダカの適切な飼育方法をよく調べ，理解している。

○メダカを適切に飼育し，たまごが受精して孵化するまでの変化のようすを図や言葉でわかりやすくまとめている。

○メダカは，たまごの中で徐々に変化して，魚らしくなることを理解している。

○メダカのたまごの変化のようすに着目して観察し，観察カードにわかりやすく正確に記録している。

●対応する学習指導要領の項目：B(2) ア (ア)

》思考・判断・表現

○メダカのたまごの中の変化のようすについて，今までに経験した昆虫の飼育などから，根拠のある予想や仮説を立てている。

○立てた予想を発表したり，文章にまとめたりしている。

○友だちの意見を聞いて，自分の予想の妥当性について考えている。

○予想を確かめるための観察を計画している。

○メダカのたまごの中の変化について，1，2日おきに観察して調べた結果をもとに発表し合い，多面的に考察している。

○孵化したばかりの子メダカが，しばらくは餌を食べなくても膨んだ腹の中の養分を使って育つことを，図でわかりやすく表現している。

○考察から，メダカは受精後にたまごの中で徐々に変化して，魚らしくなることを導き出している。

――――――――――――――● 対応する学習指導要領の項目：B(2) イ

》主体的に学習に取り組む態度

○メダカのたまごの中の変化について問題を見つけ，今までの経験から根拠のある予想・仮説を立てて，自分の考えをまとめている。

○メダカの適切な飼育方法について，友だちとの話し合いを通して自らの考えを見直している。

○メダカのたまごの中の変化について観察したことを図に表すときに，大事なことや気づいたことなどをコメントとして入れるなどくふうしている。

○魚の誕生の学習で，わかったこととまだわからないこと，できるようになったこととまだできないことが何かを，自分で考えている。

○動物に関心をもって，大切にしようとしている。

―――――――――――――――――――――――――――――――――●

関連する既習内容

学年		内容
3	年	身の回りの生物
4	年	季節と生物
5	年	植物の発芽，成長，結実 (種子の中の養分，発芽の条件，成長の条件)

学習活動

小単元名	時数	学習活動	見方・考え方
1. メダカのたまごの成長①	2	○水槽でメダカを飼育し，たまごを産ませる。 ・メダカは，雄と雌で体のつくりに違いがあることを理解する。 ・メダカの適切な飼育方法を理解する。 ・たまごが生まれるようにするため，メダカの雄と雌を同じ水槽で飼育する。	共通性・多様性　比較

1. メダカのたまごの成長②	4	○メダカの受精卵の変化を調べる。 ・雌が産んだたまごと，雄が出した精子が結びつくことを受精ということを理解する。 ・受精したたまごを受精卵ということを理解する。 ・メダカの受精卵の変化について予想する。 ・解剖顕微鏡や双眼実体顕微鏡の使い方を理解する。 ・メダカの受精卵を1，2日おきに解剖顕微鏡や双眼実体顕微鏡で観察し，その変化のようすを記録する。 ・メダカは，受精後にたまごの中で少しずつ魚らしい姿に変化していき，孵化することを理解する。	共通性・多様性　比較 関係付け
1. メダカのたまごの成長③	2	○たまごの中の袋のようなものや孵ったばかりの子メダカの腹の膨らみについて調べる。 ・たまごの中の袋のようなものや孵ったばかりの子メダカの腹の膨らみを見て，問題を見つける。 ・植物の発芽と成長で学習したことなどを振り返って，根拠のある予想を立てる。 ・たまごと子メダカを観察した結果から考察する。 ・孵化前のメダカは，たまごの中にある養分を使って成長することを理解する。 ・たまごから孵ったばかりの子メダカは膨んだ腹の中の養分で数日間育ち，数日後には膨らみも徐々に小さくなっていくことを理解する。	共通性・多様性　比較 関係付け 多面的に考える
○まとめてみよう	1	○魚の誕生について学んだことを生かして問題を解く。	共通性・多様性 多面的に考える

| 5年 | 学図 | 教科書：p.52〜61　配当時数：4時間　配当月：7月 |

● 台風の接近

内容の区分　B 生命・地球

関連する道徳の内容項目　C 伝統と文化の尊重，国や郷土を愛する態度　D 生命の尊さ

到達目標

》知識・技能

○台風の進み方や台風が近づいたときの天気の変化についてわかる。

○台風の進み方や台風が近づいてきたときの天気の変化について調べ，その結果をもとに雲画像や言葉を使ってわかりやすくまとめることができる。

○台風について，テレビやインターネットなどから，必要な情報を集めることができる。

○台風による様々な災害の資料をもとにして，災害の備えや情報活用の必要性がわかる。

》思考・判断・表現

○台風が近づいてきたときの天気のようすについてどのように調べればよいか，計画を立てることができる。

○台風の動きと天気の変化を関係づけてとらえ，台風が近づいてきたときの天気の変化について，図や言葉を使ってわかりやすくまとめることができる。

》主体的に学習に取り組む態度　※「主体的に学習に取り組む態度」は方向目標を示しています。

○台風について粘り強く追究する活動を通して，天気の変化には台風の動きが関係していることを知り，天気の変化の仕方をまとめようとする。

評価規準

》知識・技能

○台風が近づくと，雨量が多くなり，風が強くなることを理解している。

○天気は台風の動きによって変わることを理解している。

○気象情報の雨量に着目して調べ，わかりやすくまとめている。

○台風の進み方や台風による災害や水不足解消の恵みなどについて理解している。

○テレビやインターネット，新聞などを利用して，台風に関する必要な気象情報を集めている。

●対応する学習指導要領の項目：B(4) ア (ア)(イ)

》思考・判断・表現

○台風の動きと天気の変化を関係づけてとらえ，調べた結果を整理してわかりやすく表現している。

○台風が近づいてきたときの天気の変化について，インターネットなどで調べた結果をもとに発表し合い，台風の動きと天気の変化の関係について多面的に考察している。

○考察から，台風は日本の南の海上で発生し，北に向かうことが多いことを導き出している。

●対応する学習指導要領の項目：B(4) イ

≫ 主体的に学習に取り組む態度

○台風の動きと天気の変化との関係を調べる計画について，友だちとの話し合いを通して自らの考えを見直している。

○テレビやインターネット，新聞などを利用して気象情報を集め，わかりやすく台風の雲画像と降雨情報を並べるなどくふうしている。

○台風の学習で，わかったこととまだわからないこと，できるようになったこととまだできないことが何かを，自分で考えている。

関連する既習内容

学年		内容
3	年	太陽と地面の様子
4	年	天気の様子

学習活動

小単元名	時数	学習活動	見方・考え方
○台風の接近①	2	○台風の動きや，台風が近づいたときの天気の変化について調べる。 ・宇宙から撮った台風の写真や台風が近づいたときのようすの写真から，台風について話し合い，問題を見つける。 ・台風についての情報を集めたり調べたりする方法についての計画を立てる。 ・テレビやインターネットなどを利用して，台風が近づいたときの気象情報を集め，わかりやすくまとめる。 ・台風は，日本の南の方で発生し，北に向かうことが多いことを理解する。 ・天気は台風の動きによって変わることを理解する。 ・台風が近づくと，雨も風も強くなることを理解する。	時間的・空間的　比較 関係付け 多面的に考える
○台風の接近②	2	○台風による災害について調べる。 ・自分の暮らしている地域で起こった台風による災害の資料や，ハザードマップなどを利用して，台風による災害について調べる。 ・台風の強風や大雨による自然災害と，台風の大雨による水不足の解消について理解する。 ・台風に関する気象情報から台風の最新情報を知ることや，十分に注意することの大切さについて理解する。	時間的・空間的　比較 関係付け 多面的に考える

| 5年 | 学図 |

教科書：p.64〜77　配当時数：9時間　配当月：9〜10月

● 生命のつながり-3

4. 実や種子のでき方

内容の区分　B 生命・地球

関連する道徳の内容項目　C 勤労，公共の精神　D 生命の尊さ／自然愛護

到達目標

≫知識・技能

○花のつくりや，めばな・おばなについてわかる。

○植物は，受粉すると結実することと，実の中には種子ができることがわかる。

○条件を制御して，植物の受粉と結実の比較実験を正しく行うことができる。

○植物の受粉と結実の比較実験を条件制御しながら行い，その結果を正確にわかりやすく記録することができる。

≫思考・判断・表現

○受粉後の花の変化について，根拠のある予想や仮説を立てることができる。

○予想や仮説を確かめるための実験計画を立てることができる。

○実験の条件設定や結果を表にして，わかりやすくまとめることができる。

○植物の受粉の有無と結実するかどうかを関係づけてとらえ，妥当な結論を導き出すことができる。

≫主体的に学習に取り組む態度　※「主体的に学習に取り組む態度」は方向目標を示しています。

○植物の受粉や結実について粘り強く追究する活動を通して，植物の受粉と結実の比較実験では条件制御しながら正確な結果
　を導き出し，その結果を整理して表にまとめようとする。

評価規準

≫知識・技能

○花は，おしべやめしべ，花びらやがくなどからできていることを理解している。

○実ができるためには，花粉がめしべの先につくことが必要であることを理解している。

○ヘチマやアサガオの花を縦半分に切り開き，花の中のつくりを観察して記録している。

○顕微鏡を適切に取り扱い，花粉を観察している。

○植物は，受粉するとめしべのもとが実になり，実の中に種子ができることを理解している。

○受粉後の花の変化を調べる実験を条件制御しながら行い，その条件設定や結果をわかりやすく正確に記録している。

　　　　　　　　　　　　　　　　　　　　　　　　　　　　　　●対応する学習指導要領の項目：B(1) ア (エ)

≫思考・判断・表現

○植物の受粉後の花の変化について，今までに学習したことなどから，根拠のある予想や仮説を立てている。

○立てた予想を発表したり，文章にまとめたりしている。

○友だちの意見を聞いて，自分の予想の妥当性について考えている。

○予想を確かめるための実験計画を立てている。

○条件制御しながら結実に必要な条件を調べる実験を行い，結果をわかりやすく表現している。

○植物の受粉の有無と結実するかどうかを関係づけて，植物は受粉するとめしべのもとが実になり，実の中に種子ができる
　ことを導き出している。

　　　　　　　　　　　　　　　　　　　　　　　　　　　　　　●対応する学習指導要領の項目：B(1) イ

≫主体的に学習に取り組む態度

○植物の結実に必要な条件について問題を見つけ，根拠のある予想・仮説をもとに実験計画を立てて実験している。

○受粉後の花の変化を調べる実験計画について，友だちとの話し合いを通して自らの考えを見直している。

○植物の受粉や結実の学習で，わかったこととまだわからないこと，できるようになったこととまだできないことが何かを，自分で考えている。

○植物に関心をもって，大切にしようとしている。

関連する既習内容

学年		内容
3	年	身の回りの生物
4	年	季節と生物
5	年	植物の発芽，成長，結実 (種子の中の養分，発芽の条件，成長の条件)
5	年	動物の誕生 (魚)

学習活動

小単元名	時数	学習活動	見方・考え方
1. 花のつくり①	2	○ヘチマやアサガオの花のつくりを調べる。 ・ヘチマやアサガオは，花が咲いた後に実をつけ，実の中には種子ができることを理解する。 ・ヘチマやアサガオの花びらの一部分を外し，花のつくりを調べる。 ・花は，おしべやめしべ，花びらやがくなどからできていることを理解する。 ・1つの花におしべとめしべがあるものと，おばなにおしべ，めばなにめしべがついているものがあることを理解する。 ・ヘチマもアサガオも，めしべのもとが膨らんで実になることを理解する。	共通性・多様性　比較
1. 花のつくり②	2	○めしべとおしべについて調べる。 ・めしべとおしべについて，触ったり，虫眼鏡や顕微鏡を使って調べる。 ・めしべの先はねばねばしていることと，おしべの先には花粉がついていることを理解する。	共通性・多様性　比較
2. おしべのはたらき	4	○実ができるためには受粉が必要かどうかを調べる。 ・ヘチマのおばなが，開花後に実にならずに落ちていることから問題を見つける。 ・おしべの花粉がめしべの先につくと実ができるのかどうかを予想し，調べ方の計画を立てる。 ・めしべの先に花粉をつける花とつけない花で条件制御をして実験する。 ・実験結果から，めしべの先におしべの花粉がつくと，めしべのもとが成長して実になることを導き出す。 ・めしべの先に花粉がつくことを受粉ということを理解する。 ・実の中には種子ができることを理解する。	共通性・多様性　比較 関係付け　条件制御

○まとめてみよう	1	○植物の受粉や結実について学んだことを生かして問題を解く。	共通性・多様性 多面的に考える

| 5年 | 学図 |
教科書：p.78〜93　配当時数：8時間　配当月：10月

5. 雲と天気の変化

内容の区分　B 生命・地球

関連する道徳の内容項目　C 勤労，公共の精神／伝統と文化の尊重，国や郷土を愛する態度　D 生命の尊さ

到達目標

≫知識・技能

○晴れと曇りの決め方がわかる。

○日本付近の天気の変化についてわかる。

○雲の量や動きに着目して観察し，正確に記録することができる。

○様々なメディアを利用して，気象情報を集めることができる。

≫思考・判断・表現

○天気の変化を雲の動きと関係づけてとらえ，日本付近の春頃の天気の変化について，図や言葉を使ってわかりやすくまとめることができる。

≫主体的に学習に取り組む態度　※「主体的に学習に取り組む態度」は方向目標を示しています。

○天気の変化について粘り強く追究する活動を通して，天気の変化には雲のようすが関係していることを知り，天気の変化の仕方をまとめようとする。

評価規準

≫知識・技能

○晴れと曇りの区別の仕方や春頃の日本付近の天気の変化について理解している。

○天気は，雲の量や動きに関係していることを理解している。

○雲の量や動きに着目して観察し，観察カードにわかりやすく正確に記録している。

○テレビやインターネット，新聞などを利用して気象情報を集め，わかりやすくまとめている。

　　　　　　　　　　　　　　　　　　　　　　　● 対応する学習指導要領の項目：B(4) ア (ア)(イ)

≫思考・判断・表現

○インターネットなどを利用して集めた気象情報をもとに話し合い，雲の動きと天気の変化の関係について多面的に考察している。

○考察から，春頃の日本付近の天気の変化の仕方は，雲が西から東へ移動することに伴って，天気もおよそ西から東へと変化していくことを導き出している。

　　　　　　　　　　　　　　　　　　　　　　　　　　● 対応する学習指導要領の項目：B(4) イ

≫主体的に学習に取り組む態度

○天気と雲のようすとの関係を調べる観察計画について，友だちとの話し合いを通して自らの考えを見直している。

○テレビやインターネット，新聞などを利用して気象情報を集め，わかりやすく雲画像を並べるなどくふうしている。

○天気の変化の学習で，わかったこととまだわからないこと，できるようになったこととまだできないことが何かを，自分で考えている。

関連する既習内容

学年		内容
3	年	太陽と地面の様子
4	年	天気の様子
5	年	天気の変化（台風）

学習活動

小単元名	時数	学習活動	見方・考え方
1. 雲と天気	4	○雲のようすと天気の変化との関係について調べる。 ・教科書 P.78，79 の晴れの日と雨の日の雲の写真を見て，気づいたことを話し合って問題を見つける。 ・晴れと曇りの決め方を理解する。 ・今までに学んだことから，雲のようすの観察方法などを話し合う。 ・場所や時間を決めて，雲のようすを午前と午後に調べて記録する。 ・雲の量や形，色は，時間がたつと変わることと，それに伴って天気が変わることもあることを理解する。	時間的・空間的　比較 関係付け
2. 天気の予想	3	○雲の動き方と，雲の動きと天気の変化との関係について調べる。 ・天気を予想するときに必要な気象情報や，雲と天気の変化の関係について話し合い，問題を見つける。 ・台風の学習を振り返って，天気を予報するときに必要な気象情報について話し合い，調べ方の計画を立てる。 ・気象情報から天気を予報できるのか調べる。 ・テレビやインターネット，新聞などを利用して，数日間連続して気象情報を集める。 ・集めた雲画像や雨量情報を，日時ごとに順番に並べるなど，わかりやすく整理する。 ・日本付近の雲は西から東へ動いていき，天気もおよそ西から東へと変わっていくことを理解する。 ・天気を予想するには，天気を知りたい地域よりも西の地域の天気が手がかりになることを理解する。	時間的・空間的 関係付け
○まとめてみよう	1	○天気の変化について学んだことを生かして問題を解く。	時間的・空間的 多面的に考える

5年

103

| 5年 | 学図 | 教科書：p.94〜119　配当時数：12時間　配当月：10〜11月 |

6. 流れる水のはたらき／● 川と災害

内容の区分　B 生命・地球

関連する道徳の内容項目　D 生命の尊さ

到達目標

≫知識・技能

○流れる水には，侵食，運搬，堆積のはたらきがあることがわかる。

○流れる水のはたらきを調べる実験を，条件を制御しながら適切に行い，その結果を記録することができる。

○流れる水のはたらきの大きさを，水の流れる速さや水量と関係づけてとらえ，その関係をわかりやすくまとめることができる。

○川の山の中と平地の石の大きさや形の違いと，流れる水のはたらきの違いを関係づけて考え，わかりやすくまとめることができる。

○川を流れる水の量が増えたときの土地の変化について，資料やコンピュータなどから必要な情報を集めることができる。

≫思考・判断・表現

○川の山の中と平地の石のようすの違いについて，今までの経験などから根拠のある予想や仮説を立てることができる。

○予想や仮説を確かめるにはどのように調べればよいか，計画を立てることができる。

○川の増水と流れる水のはたらきの大きさを関係づけてとらえ，流れる水のはたらきによる土地のようすの変化について，わかりやすくまとめることができる。

≫主体的に学習に取り組む態度　※「主体的に学習に取り組む態度」は方向目標を示しています。

○流れる水のはたらきと土地の変化について粘り強く追究する活動を通して，土地の変化には流れる水のはたらきが関係していることを知り，流れる水のはたらきによる土地の変化をまとめようとする。

評価規準

≫知識・技能

○流れる水には，土地を侵食したり，削った石や土を運搬したり堆積させたりするはたらきがあることを理解している。

○流れる水のはたらきを調べる実験を，土山や流水実験装置を使って条件制御しながら適切に行っている。

○曲がっている所の水の流れの速さや土の削られ方を観察し，正確に記録している。

○川の山の中と平地での石の大きさや形の違いを，水の流れる速さや水量と関係づけてとらえ，その関係を図や言葉でわかりやすく表現している。

○川の増水による様々な災害の資料をもとにして，災害の備えや情報活用の必要性を理解している。

○資料やコンピュータなどを利用して，川が増水したときの土地の変化に関する資料を集めている。

●対応する学習指導要領の項目：B(3) ア (ア)(イ)(ウ)

≫思考・判断・表現

○流れる水のはたらきについて，これまでの学習などから，根拠のある予想や仮説を立てている。

○立てた予想を発表したり，文章にまとめたりしている。

○友だちの意見を聞いて，自分の予想の妥当性について考えている。

○予想を確かめるために，どのような情報を集めればよいか計画している。

○流れる水のはたらきと土地の変化を関係づけてとらえ，調べた結果をもとにわかりやすく表現している。

○川の増水による様々な災害について調べた結果をもとに発表し合い，川の増水と土地の変化の関係について多面的に考察している。

● 対応する学習指導要領の項目：B(3) イ

≫主体的に学習に取り組む態度

○流れる水のはたらきについて問題を見つけ，根拠のある予想・仮説を立てて情報を集め，自分の考えをまとめている。

○土山や流水実験装置を使って流れる水のはたらきを調べるときの実験計画について，友だちとの話し合いを通して自らの考えを見直している。

○資料やコンピュータなどを利用して雨量と川の水位の情報を集め，グラフに表してわかりやすく整理するなどのくふうをしている。

○流れる水のはたらきと土地の変化の学習で，わかったこととまだわからないこと，できるようになったこととまだできないことが何かを，自分で考えている。

関連する既習内容

学年		内容
4	年	雨水の行方と地面の様子
5	年	天気の変化 (台風)

学習活動

小単元名	時数	学習活動	見方・考え方
1. 流れる水のはたらき①	2	○山の中と平地で，川や川岸のようすを調べる。 ・教科書 P.96，97 の写真で，上流から下流にかけての川や川岸のようすを見比べて，問題を見つける。 ・土地の傾き，川幅，水の流れのようす，川原の石のようすに着目して予想する。 ・住んでいる都道府県の大きな川について，インターネットなどを使って調べる。 ・調べた川について，山の中と平地のようすを表にまとめる。 ・山の中は土地の傾きが大きいので，水の流れは速く，川幅は狭く，川原には大きな石が多いことを理解する。 ・平地は土地の傾きが小さいので，水の流れは緩やかで，川幅は広く，広い川原には小さな石が多いことを理解する。	時間的・空間的　比較 関係付け

1. 流れる水のはたらき②	4	○流れる水のはたらきについて調べる。	時間的・空間的　比較
		・土地の傾きによって川のようすが違うことから問題を見つける。	関係付け　条件制御
		・土山や流水実験装置を使って，流れる水のはたらきを水の量や土地の傾きに着目して調べる。	
		・流れる水には，土地を侵食したり，石や土を運搬したり堆積させたりするはたらきがあることを理解する。	
		・水の量が増えたり土地の傾きが大きかったりすると流れが速くなり，侵食や運搬のはたらきが大きくなることを理解する。	
		・流れが緩やかな場所では，堆積のはたらきが大きくなることを理解する。	
2. 川原の石の様子①	1	○流れる水のはたらきによって川原の石のようすが変わるのかを調べる。	時間的・空間的　比較
		・教科書 P.106，107 の川原の石の写真を見て，問題を見つける。	関係付け
		・川の上流と下流で川原の石のようすに違いがあることから，流れる水のはたらきについて予想する。	
		・生け花用スポンジを川原の石に見立てて，流れる水のはたらきによって石の形が変わるのか実験する。	
		・結果から，流れる水には，川原の石の角を削って小さく丸い形に変えるはたらきがあることを導き出す。	
		・川を流れる水は，石や土を運搬したり，川岸を侵食したりしていることを理解する。	
		・石は，川が増水したときに運ばれながら石どうしがぶつかって角が削られることで小さく丸くなり，川原などに堆積することを理解する。	
2. 川原の石の様子②	2	○実際に川へ行き，安全に観察する。	時間的・空間的　比較
		・川の水の流れるようすや，周りの地形，石などを，安全に観察する。	関係付け
			多面的に考える
○まとめてみよう	1	○流れる水のはたらきと土地の変化について学んだことを生かして問題を解く。	時間的・空間的
			多面的に考える
○川と災害	2	○川を流れる水量が増えたときの土地の変化のようすを調べる。	時間的・空間的　比較
		・台風の学習を振り返って，川が増水するのはどんなときか話し合う。	関係付け
		・川が増水したときの土地の変化について，資料やコンピュータなどで調べる。	
		・川の増水による災害を防ぐための川のくふうについて，資料やコンピュータなどで調べる。	
		・自分たちの住んでいる地域で過去に起こった川の増水による自然災害と，洪水への備えなどについて話し合う。	

| 5年 | 学図 |

教科書：p.120〜137　配当時数：12時間　配当月：11〜12月

7. 電流のはたらき

内容の区分　A 物質・エネルギー

到達目標

≫知識・技能

○コイルと電磁石についてわかる。

○電流の向きが変わると電磁石の極も変わることがわかる。

○電磁石の強さは，電磁石を流れる電流の大きさやコイルの巻き数によって変わることがわかる。

○電磁石の強さを電流の大きさやコイルの巻き数などの条件を制御しながら調べ，その結果を正しく記録することができる。

≫思考・判断・表現

○電磁石の力をもっと強くする方法について，これまでに学習したことから予想や仮説を立てることができる。

○予想や仮説を確かめるための実験計画を立てることができる。

○複数の実験の結果から論理的に思考し，結論を導き出すことができる。

○電磁石の極と電流の向きを関係づけてとらえ，その関係についてわかりやすくまとめることができる。

≫主体的に学習に取り組む態度　※「主体的に学習に取り組む態度」は方向目標を示しています。

○電磁石の性質について粘り強く追究する活動を通して，電磁石の強さは電流の大きさやコイルの巻き数が関係していることを知り，まとめようとする。

評価規準

≫知識・技能

○電流の向きが変わると電磁石の極も変わることを理解している。

○電磁石の強さは，電流の大きさやコイルの巻き数によって変わることを理解している。

○実験方法を考え，変える条件・変えない条件を明確にした実験を計画している。

○調べたい条件以外の条件は，全て同じにすることを理解している。

○条件制御を適切に行いながら，電磁石の力を強くする条件を調べる実験を行っている。

○電磁石を流れる電流の大きさやコイルの巻き数の条件に着目して実験し，表にわかりやすく整理して記録している。

●対応する学習指導要領の項目：A(3) ア (ア)(イ)

≫思考・判断・表現

○電磁石の力を強くする条件について，4年生で学んだ乾電池の数やつなぎ方によって電流の大きさが変わることを思い出して，根拠のある予想や仮説を立てている。

○立てた予想を発表したり，文章にまとめたりしている。

○友だちの意見を聞いて，自分の予想の妥当性について考えている。

○予想を確かめるための実験を計画している。

○電磁石の強さと電流の大きさやコイルの巻き数との関係を，言葉でわかりやすく表現している。

○電磁石の極を変える実験結果から，電流の向きが変わると電磁石の極も変わることを導き出している。

●対応する学習指導要領の項目：A(3) イ

≫主体的に学習に取り組む態度

○電磁石の強さと電流の大きさやコイルの巻き数との関係を調べる実験計画について，友だちとの話し合いを通して自らの考えを見直している。

○電磁石の強さと電流の大きさやコイルの巻き数との関係について問題を見つけ，根拠のある予想・仮説をもとに実験計画を立て，実験結果から自分の考えをまとめている。

○電磁石の性質の学習で，わかったこととまだわからないこと，できるようになったこととまだできないことが何かを，自分で考えている。

関連する既習内容

学年		内容
3	年	電気の通り道
3	年	磁石の性質
4	年	電流の働き

学習活動

小単元名	時数	学習活動	見方・考え方
1. 電流のはたらき	5	○電磁石の性質を調べる。 ・導線を同じ向きに何回も巻いたものをコイルということを理解する。 ・コイルの中に鉄心を入れて電流を流すと鉄心が鉄を引きつけるはたらきをするものを，電磁石ということを理解する。 ・電磁石を作り，クレーンゲームをして気づいたことを話し合って問題を見つける。 ・これまでに学習したことから，電磁石の性質について予想し，調べ方の計画を立てる。 ・電磁石をつないだ回路に電流を流し，クリップなどを引きつけるかどうか，方位磁針でN極，S極があるかなどを調べる。 ・乾電池のつなぎ方を反対にしたとき，方位磁針の針の向きがどうなるかを調べ，結果を記録する。 ・実験の結果から，コイルに電流が流れているときに鉄心が磁石になり，電磁石にはN極とS極があることを導き出す。 ・実験の結果から，電流の向きを変えると，電磁石のN極とS極も変わることを導き出す。	量的・関係的　比較 関係付け

2.電磁石の強さ	5	○電磁石の強さをもっと強くする方法を調べる。	量的・関係的　比較
		・乾電池1個で強力な磁石となる電磁石から，問題を見つける。	関係付け　条件制御
		・4年生で学んだ乾電池の数やつなぎ方と電流の大きさとの関係を思い出しながら予想し，実験の計画を立てる。	
		・検流計や電源装置の使い方を理解する。	
		・乾電池の数を変えて電流の大きさを変え，それぞれのクリップを引きつける数を調べる。	
		・コイルの巻き数を変え，それぞれのクリップを引きつける数を調べる。	
		・電流を大きくしたり，コイルの巻き数を増やしたりすると，電磁石が鉄を引きつける力が強くなることを理解する。	
○くらしの中のモーター	1	○身の回りにあるモーターについて調べる。	量的・関係的
		・モーターは，電磁石と磁石を組み合わせたものに電流を流すことで回転する装置だということを理解する。	関係付け
		・身の回りには，モーターを利用している製品が多くあることを理解する。	
○まとめてみよう	1	○電磁石の性質について学んだことを生かして問題を解く。	量的・関係的
			多面的に考える

5年

| 5年 | 学図 | 教科書：p.138〜141　配当時数：2時間　配当月：1月 |

● 雲と天気の変化
● 冬から春へ

内容の区分　B 生命・地球

関連する道徳の内容項目　D 生命の尊さ／自然愛護

到達目標

≫知識・技能
○冬と春の日本付近の天気のようすについてわかる。
○様々なメディアを利用して、気象情報を集めることができる。

≫思考・判断・表現
○雲画像から、冬と春の天気の変化を雲の動きと関係づけてとらえ、わかりやすくまとめることができる。

≫主体的に学習に取り組む態度　※「主体的に学習に取り組む態度」は方向目標を示しています。
○冬と春の天気の変化について粘り強く追究する活動を通して、冬も春も天気の変化には雲のようすが関係していることを知り、まとめようとする。

評価規準

≫知識・技能
○冬と春の日本付近の天気のようすについて理解している。
○テレビやインターネット、新聞などを利用して気象情報を集め、わかりやすくまとめている。
　　　　　　　　　　　　　　　　　　　　　　　　　　　→ 対応する学習指導要領の項目：B(4) ア (ア)(イ)

≫思考・判断・表現
○インターネットなどを利用して集めた気象情報をもとに話し合い、冬と春の雲の動きと天気の変化の関係について多面的に考察している。
　　　　　　　　　　　　　　　　　　　　　　　　　　　→ 対応する学習指導要領の項目：B(4) イ

≫主体的に学習に取り組む態度
○冬と春の天気の変化の学習で、わかったこととまだわからないこと、できるようになったこととまだできないことが何かを、自分で考えている。

関連する既習内容

学年		内容
3	年	太陽と地面の様子
4	年	天気の様子
5	年	天気の変化

学習活動

小単元名	時数	学習活動	見方・考え方
○冬から春へ①	1	○冬の天気について調べる。 ・教科書 P.138，139 の冬の日本海側と太平洋側の写真や雲画像，降雨情報を見て，話し合う。 ・冬の天気は，日本海側で雪の日が多く，太平洋側で晴れの日が多いことを理解する。	時間的・空間的　比較 関係付け
○冬から春へ②	1	○春の天気について調べる。 ・教科書 P.140 の春の晴れの日の写真や雲画像，降雨情報を見て，話し合う。 ・春の天気は，西から東へと変わり，晴れの日と曇りや雨の日が交互にやってくることが多いことを理解する。	時間的・空間的　比較 関係付け

| 5年 | 学図 | 教科書：p.142～158　配当時数：15 時間　配当月：1～2月 |

8. もののとけ方

内容の区分　A 物質・エネルギー

関連する道徳の内容項目　C 伝統と文化の尊重，国や郷土を愛する態度

到達目標

≫知識・技能

○物が水に溶けても，水と物を合わせた全体の重さは変わらないことがわかる。

○物が水に溶ける量には限度があることがわかる。

○物が水に溶ける量は，水の量や温度，溶ける物によって異なることがわかる。

○物が水に溶ける量は水の量や温度によって違うことを利用して，溶けている物を取り出せることがわかる。

○物が水に溶ける量を調べる実験を条件制御しながら適切に行い，その結果を正確に記録することができる。

≫思考・判断・表現

○物が水に溶ける量と水の量や温度との関係について，今までの経験などから根拠のある予想や仮説を立てることができる。

○予想や仮説を確かめるための実験計画を立てることができる。

○物が水に溶ける量と水の量や温度を関係づけてとらえ，その関係についてわかりやすくまとめることができる。

≫主体的に学習に取り組む態度　※「主体的に学習に取り組む態度」は方向目標を示しています。

○物の溶け方について粘り強く追究する活動を通して，物の溶け方には水の量や温度が関係していることを知り，まとめようとする。

評価規準

≫知識・技能

○ (水の重さ) ＋ (溶かした物の重さ) ＝ (水溶液の重さ) であることを理解している。

○物が水に溶ける量には限度があり，物が水に溶ける量と水の量や温度との関係について理解している。

○物が水に溶ける量は水の量や温度によって違うことを利用して，溶けている物が取り出せることを理解している。

○水の量や温度に着目して実験し，表にわかりやすく整理して記録している。

○メスシリンダーやろ過器具などを，適切に取り扱って安全に実験を行っている。

○条件制御を適切に行いながら，物が水に溶ける量を調べる実験を行い，その結果を正確に記録している。

──● 対応する学習指導要領の項目：A(1) ア (ア)(イ)(ウ)

≫思考・判断・表現

○物が水に溶ける量と水の量や温度との関係について，今までに生活のなかで経験したことなどから，根拠のある予想や仮説を立てている。

○立てた予想を発表したり，文章にまとめたりしている。

○友だちの意見を聞いて，自分の予想の妥当性について考えている。

○予想を確かめるための実験を計画している。

○食塩とミョウバンを使った実験結果から，物が水に溶ける量は，水の量や温度，溶ける物によって違うことを導き出している。

──● 対応する学習指導要領の項目：A(1) イ

≫主体的に学習に取り組む態度

○物の溶け方のきまりについて問題を見つけ，根拠のある予想・仮説をもとに実験計画を立て，実験結果から自分の考えをまとめている。

○物が水に溶ける量と水の量や温度との関係を調べる実験計画について，友だちとの話し合いを通して自らの考えを見直している。

○物の溶け方の学習で，わかったこととまだわからないこと，できるようになったこととまだできないことが何かを，自分で考えている。

関連する既習内容

学年		内容
3	年	物と重さ
4	年	金属，水，空気と温度 (水の三態変化)

学習活動

小単元名	時数	学習活動	見方・考え方
○導入	2	○食塩を水に溶かして，気づいたことを話し合う。 ・水溶液は，水に物が溶けた透明な液体であることを理解する。 ・ビーカーに入った水に食塩が溶けるようすを観察して，気づいたことを話し合い，問題を見つける。	質的・実体的　比較
1. とけたもののゆくえ	3	○物を水に溶かすと，水溶液の重さはどうなるのかを調べる。 ・食塩を水に溶かしたようすなどから予想する。 ・電子てんびんの使い方を理解する。 ・食塩やミョウバンを水に溶かす前の全体の重さと，物を溶かした後の全体の重さを，それぞれはかる。 ・実験の結果から，食塩やミョウバンを水に溶かした水溶液の重さは，溶かす前の食塩やミョウバンの重さと水の重さの和になることを理解する。 ・コーヒーシュガーなど色のついたものが水に溶けるようすを長時間観察し，液全体に均一に広がることを理解する。	質的・実体的　比較 関係付け
2. 水にとけるものの量①	3	○水に物が溶ける量には限りがあるのかを調べる。 ・今までに学習したことから，水に溶ける物の量について予想する。 ・メスシリンダーの使い方を理解する。 ・食塩が水に限りなく溶けるのかどうかを調べるための実験を行い，その結果を記録する。 ・ミョウバンも食塩と同じ実験を行い，その結果を記録する。 ・実験の結果から，一定量の水に溶ける食塩やミョウバンの量には限りがあり，溶ける量は食塩やミョウバンで異なることを理解する。	質的・実体的　比較 関係付け　条件制御

2. 水にとけるものの量②	3	○食塩やミョウバンの水に溶ける量を増やす方法を調べる。 ・生活のなかで経験したことや，今までに学習したことから予想する。 ・溶け残った食塩やミョウバンを溶かすにはどうすればよいかを考え，実験計画を立てる。 ・水の量を増やす実験と，水溶液をあたためる実験を行い，結果を記録する。 ・2つの実験結果をもとに話し合い，考察する。 ・水の量を増やすと，食塩もミョウバンも溶ける量が増えることを理解する。 ・水溶液の温度を上げると，ミョウバンの溶ける量は増え，食塩の溶ける量はあまり変わらないことを理解する。	質的・実体的　比較 関係付け　条件制御
3. 水溶液にとけているものをとり出すには	3	○水溶液に溶けている物を取り出す方法を調べる。 ・水溶液の温度が下がったときに，ミョウバンが出てきたことから，問題を見つける。 ・ろ過の仕方を理解する。 ・温度を上げる実験をした水溶液をろ過し，ろ液から食塩やミョウバンを取り出す実験の計画を立てる。 ・ろ液から水を蒸発させて水の量を減らす実験と，ろ液の温度を下げる実験を行い，結果を記録する。 ・水を蒸発させて水の量を減らすと，水溶液に溶けている食塩やミョウバンを取り出すことができることを理解する。 ・水溶液の温度を下げると，ミョウバンは粒が出てきて取り出せることを理解する。 ・水温によって溶ける量があまり変わらない食塩は，水溶液の温度を下げてもほとんど取り出せないことを理解する。 ・これまでの学習を振り返って，実験器具などの使い方説明書を作る。	質的・実体的　比較 関係付け　条件制御
○まとめてみよう	1	○物の溶け方について学んだことを生かして問題を解く。	質的・実体的 多面的に考える

| 5年 | 学図 | 教科書：p.160～173　配当時数：8時間　配当月：2～3月 |

● 生命のつながり-4

9. 人のたんじょう

内容の区分　B 生命・地球

関連する道徳の内容項目　D 生命の尊さ／自然愛護

到達目標

≫知識・技能

○人もメダカと同じように受精卵から成長していくことがわかる。

○子宮内のようすや，胎盤，へその緒についてわかる。

○人は約38週かけて母親の子宮の中で羊水に守られて育つことと，胎盤とへその緒を通して母親から成長に必要な養分など
を受け取って成長していくことがわかる。

○母体内での胎児の成長について，家族や本やコンピュータなどから，必要な情報を正確に集めることができる。

≫思考・判断・表現

○母体内での胎児の成長について，学習したメダカの受精卵のようすなどを振り返り，根拠のある予想や仮説を立てることが
できる。

○予想を確かめるためにはどのように調べればよいのか，具体的に計画を立てることができる。

○母体内での胎児の成長のようすについて，調べた結果をもとに，図やグラフ，言葉を使ってわかりやすくまとめ，発表する
ことができる。

≫主体的に学習に取り組む態度　※「主体的に学習に取り組む態度」は方向目標を示しています。

○人の誕生について粘り強く調べる活動を通して，人は母体内で約38週かけて成長してから生まれることを知り，母体内で
成長していくようすについてまとめようとする。

評価規準

≫知識・技能

○子宮，胎児，胎盤，へその緒などについて理解している。

○人は約38週かけて母親の子宮の中で羊水に守られて育つことと，その成長の変化のようすを理解している。

○胎児は，胎盤とへその緒を通して母親から成長に必要な養分などを受け取って成長していくことを理解している。

○母体内での胎児の成長について，家族に聞いたり本やコンピュータなどを利用したりして，必要な情報を集めている。

○子宮の中のようすを胎児の成長に必要な養分に着目して調べ，ノートに正確に記録している。

○母体内での胎児の成長のようすを図やグラフ，言葉などでわかりやすくまとめている。

▶ 対応する学習指導要領の項目：B (2) ア (イ)

≫思考・判断・表現

○母体内での胎児の成長のようすについて，これまでに学習したメダカの誕生の内容などから，根拠のある予想や仮説を立てている。

○立てた予想を発表したり，文章にまとめたりしている。

○友だちの意見を聞いて，自分の予想の妥当性について考えている。

○予想を確かめるために，どのように調べればよいかを計画している。

○命のつながりに着目し，人とメダカや植物などと比較してまとめ，発表している。

———————————————————————●対応する学習指導要領の項目：B(2) イ

≫主体的に学習に取り組む態度

○人の誕生について問題を見つけ，これまでの学習をもとに根拠のある予想・仮説を立てて，自分の考えをまとめている。

○人の誕生の学習で，わかったこととまだわからないこと，できるようになったこととまだできないことが何かを，自分で考えている。

○人の誕生に関心をもって，人の命を大切にしようとしている。

関連する既習内容

学年		内容
3	年	身の回りの生物
4	年	季節と生物
5	年	植物の発芽，成長，結実
5	年	動物の誕生 (魚)

学習活動

小単元名	時数	学習活動	見方・考え方
1. 人のたんじょう①	3	○人の子どもが母親の体内で成長し，生まれてくるまでのようすを調べる。 ・女性の体内でつくられた卵 (卵子) と男性の体内でつくられた精子が受精して受精卵ができることを理解する。 ・人の命は，直径 0.1mm 程の受精卵から始まって成長していくことを理解する。 ・人の誕生について調べたいことを話し合い，問題を見つける。 ・教科書 P.163 の図に母体内での胎児のようすを予想して描く。 ・家族に聞いたり，本やコンピュータなどを利用したりして，母体内での胎児の成長のようすを調べる。 ・子宮と胎児について理解する。 ・人の受精卵は，母親の子宮の中で育って胎児になり，1〜2か月の間に人らしい形になることを理解する。 ・人は，約 38 週かけて母親の子宮の中で育てられてから誕生することを理解する。 ・人は，身長約 50cm，体重約 3000g で生まれてくることを理解する。	共通性・多様性　比較

116

1. 人のたんじょう②	2	○胎児が母親の体内で養分を得ている方法について調べる。	共通性・多様性　比較
		・メダカの誕生で学習したことなどから予想する。	
		・本やコンピュータなどを利用したりして調べ，整理する。	
		・胎児は，胎盤とへその緒で母親とつながっていることを理解する。	
		・胎児は，母親の体内で育つための養分を，胎盤からへその緒を通して母親から得ていることを理解する。	
		・胎児の不要になったものは，へその緒から胎盤を通して母親の体に戻していることを理解する。	
		・胎児の周りは羊水で満たされていて，羊水には外から受ける衝撃から胎児を守る役割があることを理解する。	
		・人は，誕生してしばらくは母親の乳を飲んで育つことを理解する。	
		・人の誕生について，調べてわかったことをまとめ，発表する。	
		・胎児と同じくらいの重さの物を持って体感する。	
2. 生命のつながり	2	○人，メダカ，植物の生命のつながりについて学習したことを振り返って，まとめる。	共通性・多様性　比較 多面的に考える
		・人，メダカ，植物の一生について，差異点や共通点に着目して比較し，生命のつながりについてまとめる。	
○まとめてみよう	1	○人の誕生について学んだことを生かして問題を解く。	共通性・多様性 多面的に考える

5年

| 6年 | 学図 |

教科書：p.6〜25　配当時数：12 時間　配当月：4〜5月

1. ものの燃え方と空気

| 内容の区分 | A 物質・エネルギー

| 関連する道徳の内容項目 | C 勤労，公共の精神／伝統と文化の尊重，国や郷土を愛する態度　D 生命の尊さ

到達目標

≫知識・技能

○物が燃えるときには，空気中の酸素が使われて二酸化炭素ができることがわかる。

○物が燃えたときの空気の変化や，物が燃えることについて，わかりやすくまとめることができる。

○物の燃焼の前後の空気を比べる実験を適切に行い，その結果を記録することができる。

≫思考・判断・表現

○物が燃えたときの空気の変化について，根拠のある予想や仮説を立てることができる。

○予想や仮説を確かめるための実験計画を立てることができる。

○物が燃えたときの空気の変化について，より妥当な考えをつくりだし，表現することができる。

≫主体的に学習に取り組む態度　※「主体的に学習に取り組む態度」は方向目標を示しています。

○燃焼の仕組みについて粘り強く追究する活動を通して，物が燃えたときの空気の変化を知り，燃焼の仕組みをまとめようと
　する。

評価規準

≫知識・技能

○瓶の中で物が燃え続けるには，空気が入れ替わる必要があることを理解している。

○空気にはおもに，窒素，酸素，二酸化炭素が含まれていることを理解している。

○酸素には物を燃やすはたらきがあることを理解している。

○気体検知管や石灰水を用いて，物の燃焼の前後の空気を比べる実験を適切に行っている。

○物が燃えると，空気中の酸素の一部が使われて，二酸化炭素ができることを理解している。

○物の燃焼実験の結果を，正確に記録している。

———● 対応する学習指導要領の項目：A(1) ア (ア)

≫思考・判断・表現

○蓋をした瓶の中でろうそくを燃やすとやがて火が消えたことをもとに，燃焼の仕組みについて根拠のある予想を立てて
　いる。

○立てた予想を発表したり，文章にまとめたりしている。

○友だちの意見を聞いて，自分の予想の妥当性について考えている。

○予想を確かめるための実験を計画している。

○物が燃えた後，空気中の酸素が減って二酸化炭素が増えていたことから，燃焼の仕組みについて多面的に考察している。

○気体検知管や石灰水を用いた実験結果を総合的にとらえて考察し，物が燃えると，空気中の酸素の一部が使われて，二酸
　化炭素ができることを導き出している。

———● 対応する学習指導要領の項目：A(1) イ

≫主体的に学習に取り組む態度

○燃焼の仕組みについて問題を見つけ，根拠のある予想・仮説を立てて実験し，実験内容と結果を関係づけて自分の考えをまとめている。

○物が燃えるということに興味・関心をもち，物が燃える前後の空気の変化を進んで調べている。

○燃焼の実験計画について，友だちとの話し合いを通して自らの考えを見直している。

○燃焼の実験結果をもとに考察したことについて，自分の意見を図を使って人にわかりやすく伝えるくふうをしている。

○燃焼の仕組みの学習で，わかったこととまだわからないこと，できるようになったこととまだできないことが何かを，自分で考えている。

関連する既習内容

学年		内容
4	年	空気と水の性質
4	年	金属，水，空気と温度 (温まり方の違い)

学習活動

小単元名	時数	学習活動	見方・考え方
1. ものが燃え続けるには	3	○集気瓶の中でろうそくが燃え続けるために必要な条件を調べる。 ・教科書 P.6，7 のキャンプファイヤーの写真を見る。 ・集気瓶の中に火のついたろうそくを入れて蓋をした状態で観察する。 ・しばらくすると密閉された集気瓶の中のろうそくの火が消えたことから，気づいたことを話し合って問題を見つける。 ・密閉された集気瓶の中のろうそくの火が消えた理由を調べる方法を計画する。 ・蓋を外した集気瓶の中と，底に隙間をつくり蓋を外した集気瓶の中で，ろうそくを燃やし，線香を近づけて煙の動きを調べる。 ・どちらの集気瓶でも燃え続けたことから，線香の煙の動きを集気瓶の中の空気の流れと関係づけて，考察する。 ・集気瓶の中でろうそくが燃え続けるためには，新しい空気が入り続けることが必要であることを理解する。	質的・実体的　比較 関係付け

2. ものが燃える前と燃えた後の空気①	2	○ろうそくを燃やす前と燃やした後の瓶の中の空気の変化について調べる。 ・空気は，窒素，酸素，二酸化炭素などの気体からできていることと，それらの体積の割合を理解する。 ・ろうそくを燃やす前と燃やした後の空気の変化について予想し，調べ方の計画を立てる。 ・ろうそくを燃やした後の空気に二酸化炭素が含まれているかどうかを調べるためには，石灰水を使うとよいことを理解する。 ・石灰水を使って，ろうそくを燃やす前と燃やした後の集気瓶の中の空気の変化について調べ，その結果を記録する。 ・石灰水を使って調べたことから，物の燃焼前後の空気の変化についてまとめる。 ・ろうそくが燃えると，燃える前の空気に比べて二酸化炭素が増えていることを理解する。	質的・実体的　比較 関係付け 多面的に考える
2. ものが燃える前と燃えた後の空気②	4	○ろうそくを燃やす前と燃やした後の酸素と二酸化炭素の割合の変化を調べる。 ・ろうそくが燃えると二酸化炭素が増えていたことから，問題を見つける。 ・空気中の酸素と二酸化炭素の体積の割合を調べるためには，気体検知管を使うとよいことを理解する。 ・ろうそくを燃やす前と燃やした後の酸素と二酸化炭素の割合について，モデル図を使って予想する。 ・気体検知管を使って，ろうそくを燃やす前と燃やした後の酸素と二酸化炭素の変化について調べ，その結果を記録する。 ・気体検知管を使って調べたことから，ろうそくの燃焼前後の空気の変化についてモデル図に表し，まとめる。 ・ろうそくが燃えると，空気中の酸素の一部が使われ，二酸化炭素ができることを理解する。 ・ろうそく以外の木や紙などの植物体を燃やしても，空気中の一部の酸素が使われ二酸化炭素ができることを理解する。 ・木や紙などの植物体が燃えると炭になり，さらに燃え尽きると灰が残ることを理解する。 ・木や紙などの植物体を集気瓶の中で燃やし，二酸化炭素ができたかどうかを石灰水で確認する。	質的・実体的　比較 関係付け 多面的に考える
3. ものを燃やすはたらきのある気体	2	○空気中の気体の中で，物を燃やすはたらきのある気体を調べる。 ・ろうそくの燃焼前後の空気の変化を調べたことから，根拠のある予想や仮説を立てる。 ・窒素，酸素，二酸化炭素の中でろうそくが燃えるかどうかを調べ，その結果を記録する。 ・実験の結果を整理して，それぞれの気体に物を燃やすはたらきがあるかどうかをまとめる。 ・実験の結果から，物を燃やすはたらきのある気体は酸素で，窒素や二酸化炭素には物を燃やすはたらきがないことを理解する。	質的・実体的　比較
○まとめてみよう	1	○燃焼の仕組みについて学んだことを生かして問題を解く。	質的・実体的 多面的に考える

| 6年 | 学図 |

教科書：p.26～45　配当時数：9時間　配当月：5～6月

2. 人や動物の体

| 内容の区分 | B 生命・地球 |

| 関連する道徳の内容項目 | D 生命の尊さ／自然愛護 |

到達目標

≫知識・技能

○人の呼吸，消化・吸収，血液の循環，排出に関わる体内の各器官のつくりとはたらきがわかる。

○人の体とほかの動物の体との差異点や共通点がわかる。

○呼吸の仕組みや唾液のはたらきを調べる実験が安全にできる。

≫思考・判断・表現

○人やほかの動物の呼吸，消化・吸収，血液の循環，排出について，経験したことや既習内容から予想を立てることができる。

○予想や仮説を確かめるための実験計画を立てることができる。

○実験の結果や調べたことを多面的に考察し，妥当な結論を導き出すことができる。

≫主体的に学習に取り組む態度　※「主体的に学習に取り組む態度」は方向目標を示しています。

○人やほかの動物の体のつくりとはたらきについて粘り強く追究する活動を通して，生命を維持するはたらきを知り，生命を尊重しようとする。

評価規準

≫知識・技能

○人は呼吸によって体内に酸素を取り入れ，体外に二酸化炭素を出していることを理解している。

○血液は，心臓のはたらきで体内を循環し，養分，酸素，二酸化炭素などを運んでいることを理解している。

○食べ物は，口，胃，腸などの消化管を通る間に消化・吸収され，吸収されなかった物は排出されることを理解している。

○体内には，生命活動を維持するための様々な臓器があることと，そのはたらきを理解している。

○呼吸の仕組みや唾液のはたらきを調べる実験を安全に行っている。

○呼吸の仕組みや唾液のはたらきを調べる実験の結果を，正確に記録している。

→ 対応する学習指導要領の項目：B(1) ア (ア)(イ)(ウ)(エ)

≫思考・判断・表現

○人の体のつくりやはたらきについて問題を見つけている。

○燃焼の仕組みで学習したことから，呼吸のはたらきについて予想し，実験の計画を立てている。

○友だちの意見を聞いて，自分の予想の妥当性について考えている。

○人の体のつくりやはたらきについて，呼吸や消化・吸収，血液のはたらきから総合的に考えている。

○実験結果をもとに考察し，人やほかの動物は様々な臓器が関わり合いながら生命を維持していることを導き出している。

→ 対応する学習指導要領の項目：B(1) イ

≫主体的に学習に取り組む態度

○呼吸のはたらきを調べる実験計画について，友だちとの話し合いを通して自らの考えを見直している。

○唾液のはたらきを調べる実験結果をもとに考察したことについて，自分の意見を人にわかりやすく伝えるくふうをしている。

○人やほかの動物の体のつくりとはたらきの学習で，わかったこととまだわからないこと，できるようになったこととまだできないことが何かを，自分で考えている。

○動物の体のつくりやはたらきに関心をもって，生命を大切にしようとしている。

関連する既習内容

学年		内容
3	年	身の回りの生物
4	年	人の体のつくりと運動
5	年	植物の発芽，成長，結実 (種子の中の養分)
5	年	動物の誕生
6	年	燃焼の仕組み

学習活動

小単元名	時数	学習活動	見方・考え方
1. 呼吸のはたらき①	2	○吐き出した空気と吸い込む空気について調べる。 ・教科書 P26，27 の写真などから，人やほかの動物が生命を保つためには空気・食べ物が必要であることを理解する。 ・人やほかの動物が生命を保つために必要な空気について，問題を見つける。 ・燃焼の仕組みの学習を振り返り，吐き出した空気と吸い込む空気について予想し，調べる方法を考える。 ・吐き出した空気と吸い込む空気をそれぞれ袋に入れ，石灰水や気体検知管を使って調べ，その結果を記録する。 ・石灰水や気体検知管を使って調べたことから，吐き出した空気と吸い込む空気の違いについて考察する。 ・吐き出した空気は，吸い込む空気よりも酸素の体積の割合が減り，二酸化炭素の体積の割合は増えていることを導き出す。 ・人は空気を吸ったり吐いたりすることで，空気中の酸素の一部を体の中に取り入れ，二酸化炭素を出していることを理解する。	質的・実体的　比較 多面的に考える
1. 呼吸のはたらき②	1	○肺の仕組みとはたらきについて調べる。 ・鼻や口から吸った空気は，気管を通って肺に送られることを理解する。 ・肺で，空気中の酸素の一部を血液に取り入れ，血液から二酸化炭素が出されていることを理解する。 ・肺を通して，空気中の酸素の一部を体内に取り入れ，二酸化炭素を体外に出すことを呼吸ということを理解する。 ・教科書 P.32 の資料を見て，動物の呼吸について理解する。	共通性・多様性 関係付け

2. 消化のはたらき①	2	○でんぷんと唾液のはたらきとの関係を調べる。 ・ご飯をかむとだんだん甘くなるように感じることから，問題を見つける。 ・ご飯に含まれているでんぷんが唾液によって別のものに変化するのか，ヨウ素液を使って調べ，その結果を記録する。 ・実験の結果から，食べ物に含まれるでんぷんは，唾液とまざると別のものに変化することを導き出す。	共通性・多様性　比較 関係付け
2. 消化のはたらき②	1	○食べ物の体内での消化と吸収の仕組みについて調べる。 ・消化の意味と消化液について理解する。 ・口から食道，胃，小腸，大腸，肛門までの食べ物の通り道を消化管ということを理解する。 ・口から取り入れた食べ物が消化・吸収されながら消化管を通り，残ったものが肛門から便として体外に出される流れを理解する。 ・教科書 P.38 の資料を見て，動物の消化管について理解する。	共通性・多様性 関係付け 多面的に考える
3. 血液のはたらき①	1	○血液中に取り入れた酸素や養分が，体の中を運ばれる仕組みについて調べる。 ・肺で取り入れた酸素や，小腸で吸収した養分が全身に運ばれるのは，血液のはたらきによるものだということを理解する。 ・血液が体の中のどこを通っているのか予想し，調べ方の計画を立てる。 ・こめかみや手首などを指で押さえて脈拍を調べたり，教科書 P.40 の図で血液の流れについて調べたりする。 ・心臓から送り出された血液が全身をめぐることで，酸素や養分を体中に運び，二酸化炭素を体中から運び出していることを理解する。 ・血液が体の各部から受け取った二酸化炭素は，肺に戻ったときに酸素と交換していることを理解する。 ・小腸で吸収された養分は血液によって肝臓に運ばれ，その一部が蓄えられて必要なときに使われることを理解する。	共通性・多様性 関係付け
3. 血液のはたらき②	1	○不要になったもののゆくえと，生命を維持するための体の仕組みについてまとめる。 ・血液が体の各部から受け取った不要になったものは，腎臓に運ばれて水とともに尿となって体外に出されていることを理解する。 ・胃，小腸，大腸，肺，心臓，肝臓，腎臓などを臓器ということを理解する。 ・教科書 P.42 の図を見て，人の臓器の名称や位置を理解する。 ・呼吸の仕組み，消化・吸収の仕組み，血液の流れの仕組みについて学んだことから総合的に考え，まとめる。 ・人やほかの動物の体には，様々な臓器があることと，それらが血液を通じて関わり合って生命を維持していることを導き出す。	共通性・多様性 関係付け 多面的に考える
○まとめてみよう	1	○人やほかの動物の体のつくりとはたらきについて学んだことを生かして問題を解く。	共通性・多様性 多面的に考える

6年	学図

教科書：p.46〜61　配当時数：8時間　配当月：6〜7月

3. 植物の養分と水

内容の区分　B 生命・地球

関連する道徳の内容項目　D 自然愛護

到達目標

》知識・技能

○葉に日光が当たると，でんぷんができることがわかる。

○根・茎・葉には水の通り道があることがわかる。

○根から取り入れられた水は，水の通り道を通って体全体に行き渡り，葉から蒸散していることがわかる。

○葉の蒸散実験を適切に行い，その結果を記録することができる。

》思考・判断・表現

○植物と水や養分との関わりについて問題を見つけることができる。

○予想や仮説を確かめるための実験計画を立てることができる。

○日光とでんぷんのでき方との関係を調べる実験結果から，より妥当な考えを導き出し，表現することができる。

○葉の蒸散実験の結果から，より妥当な考えを導き出し，表現することができる。

》主体的に学習に取り組む態度　※「主体的に学習に取り組む態度」は方向目標を示しています。

○植物と養分や水との関わりについて粘り強く追究する活動を通して，植物の体の仕組みを知り，まとめようとする。

評価規準

》知識・技能

○でんぷんができるためには，葉に日光が当たることが必要であることを理解している。

○植物の水の通り道を理解している。

○根から取り入れられた水は，葉から蒸散していることを理解している。

○植物の蒸散実験を条件制御しながら適切に行い，結果を正確に記録している。

▶ 対応する学習指導要領の項目：B(2) ア (ア)(イ)

》思考・判断・表現

○植物の発芽の学習をもとに，植物の成長にデンプンが必要であるかどうかについて根拠のある予想を立てている。

○立てた予想を発表したり，文章にまとめている。

○友だちの意見を聞いて，自分の予想の妥当性について考えている。

○予想を確かめるための実験を計画している。

○植物の蒸散実験の結果をもとに，葉まで行き渡った水のゆくえについて考え，わかりやすく表現している。

▶ 対応する学習指導要領の項目：B(2) イ

≫主体的に学習に取り組む態度

○植物と養分や水との関わりについて問題を見つけ，根拠のある予想・仮説を立てて実験し，実験内容と結果を関係づけて自分の考えをまとめている。

○日光とでんぷんのでき方との関係を調べる実験結果をもとに考察したことについて，自分の意見を人にわかりやすく伝えるくふうをしている。

○植物の水の通り道を調べる実験計画について，友だちとの話し合いを通して自らの考えを見直している。

○植物の養分と水の通り道の学習で，わかったこととまだわからないこと，できるようになったこととまだできないことが何かを，自分で考えている。

○植物に関心をもって，大切にしようとしている。

関連する既習内容

学年		内容
3	年	身の回りの生物
4	年	季節と生物
4	年	人の体のつくりと運動
5	年	植物の発芽，成長，結実

学習活動

小単元名	時数	学習活動	見方・考え方
1. 植物と日光の関係	3	○植物と日光との関係について調べる。 ・教科書 P.48 の日なたと日陰で育てたジャガイモの写真を見て，問題を見つける。 ・5 年生の植物の発芽と成長で学習したことから，日光と葉のでんぷんのでき方との関係について根拠のある予想を立てる。 ・葉に日光が当たるとでんぷんができるかどうかを調べる方法を考える。 ・日光以外の条件を同じにして，日光とでんぷんのでき方との関係を調べる。 ・でんぷんの有無を，ヨウ素液を使って調べる。 ・実験結果から，葉に日光が当たるかどうかと，葉にでんぷんができるかどうかということを関係づけて考察する。 ・植物は，葉に日光が当たると，でんぷんができることを導き出す。 ・インゲンマメやシロツメクサなど身近な植物を採取して，ヨウ素液ででんぷんの有無を調べる。	共通性・多様性　比較 関係付け　条件制御

6年

2. 植物の中の水の通り道①	2	○植物の水の通り道を調べる。 ・教科書 P.54 の，しおれたホウセンカに水を与えるともとに戻るようすを見て，気づいたことを話し合い，問題を見つける。 ・植物が根から取り入れた水を体中に運ぶようすについて予想する。 ・植物の根を切り花着色剤や食用色素を溶かした色水に浸して，植物の体を染める実験をする。 ・茎や葉を縦や横に切って観察し，色水で染まった部分を記録する。 ・植物の茎や葉には細い管があり，根から取り入れられた水はここを通って体のすみずみにまで行き渡ることを理解する。	共通性・多様性 関係付け 多面的に考える
2. 植物の中の水の通り道②	2	○根から吸い上げられて葉まで行き渡った水が，その後どうなるのかを調べる。 ・植物の水の通り道を調べた結果から，葉まで運ばれた水がどうなるのかを予想する。 ・同じ種類で大きさが同じくらいの植物を選び，葉を取り去ったものと葉をつけたままのもので蒸散実験をして，その結果を記録する。 ・実験結果から，水はおもに葉にある小さい穴から水蒸気として出ていくことを理解し，まとめる。 ・水が水蒸気となって植物から出ていくことを蒸散ということを理解する。 ・ホウセンカの葉の裏の薄皮をはがして，顕微鏡で気孔を観察する。	共通性・多様性　比較 関係付け　条件制御
○まとめてみよう	1	○植物の養分と水の通り道について学んだことを生かして問題を解く。	共通性・多様性 多面的に考える

| 6年 | 学図 |

教科書：p.62〜77　配当時数：8時間　配当月：7月

4. 生物のくらしと環境

内容の区分　B 生命・地球

関連する道徳の内容項目　D 生命の尊さ／自然愛護

到達目標

》知識・技能

○生物は，「食べる・食べられる」という関係でつながっていることがわかる。

○植物も動物と同じように呼吸をしていることと，日光が当たると二酸化炭素を取り入れ酸素を出していることがわかる。

○植物が出し入れする気体が何かを調べる実験を適切に行い，その結果を記録することができる。

》思考・判断・表現

○生物と食べ物や水，空気との関わりを調べる活動を通して自然界のつながりを総合的にとらえ，生物と環境との関係を図や言葉を使ってわかりやすくまとめることができる。

》主体的に学習に取り組む態度　※「主体的に学習に取り組む態度」は方向目標を示しています。

○生物と環境との関わりについて粘り強く追究する活動を通して，生物が水や空気を通して周囲の環境と関わって生きていることや，生物間には「食べる・食べられる」という関係があることを知り，まとめようとする。

評価規準

》知識・技能

○生物は，「食べる・食べられる」という関係でつながっていることを理解している。

○植物も動物と同じように呼吸をして，酸素を取り入れ二酸化炭素を出すことを理解している。

○植物は，日光が当たると二酸化炭素を取り入れ酸素を出していることを理解している。

○気体検知管を使って，植物が出し入れする気体が何かを適切に調べている。

●対応する学習指導要領の項目：B(3) ア (ア)(イ)

》思考・判断・表現

○今までに学習したことをもとに，生物が食べ物を通してどのように関わり合っているのかということについて，根拠のある予想を立てている。

○立てた予想を発表したり，文章にまとめている。

○友だちの意見を聞いて，自分の予想の妥当性について考えている。

○予想を確かめるための観察を計画している。

○生物の食べ物を通した関わり合いについて，様々な動物の食べ物を調べた結果をもとに発表し合い，多面的に考察している。

○考察から，生物と食べ物，空気，水との関わりを総合的に導き出してまとめている。

●対応する学習指導要領の項目：B(3) イ

| 6年 |

》主体的に学習に取り組む態度

○生物と食べ物との関わりについて問題を見つけ，根拠のある予想・仮説を立てて実験し，結果から考えをまとめている。

○生物と空気との関わりを調べる実験結果をもとに考察したことについて，自分の意見を人にわかりやすく伝えるくふうをしている。

○生物と環境との関わりの学習で，わかったこととまだわからないこと，できるようになったこととまだできないことが何かを，自分で考えている。

○生物に関心をもって，大切にしようとしている。

関連する既習内容

学年		内容
3	年	身の回りの生物
4	年	季節と生物
5	年	植物の発芽，成長，結実
5	年	動物の誕生
6	年	燃焼の仕組み
6	年	植物の養分と水の通り道
6	年	人の体のつくりと働き

学習活動

小単元名	時数	学習活動	見方・考え方
○導入	1	○生物と食べ物，空気，水との関わりについて考え，調べてみたいことを話し合う。 ・これまでの学習や教科書 P.62，63 の写真などから，生物にとって食べ物，空気，水が必要であることを振り返る。	共通性・多様性　比較 関係付け
1. 食物を通した生物どうしの関わり①	1	○食べ物を通した生物どうしの関わりについて調べる。 ・生物どうしの食べ物を通した関わりについて，カレーライスを例にして話し合い，問題を見つける。 ・生物は，「食べる・食べられる」という関係でつながっていることを理解する。 ・人は食べ物を通して生物とつながっていることを導き出す。	共通性・多様性 関係付け 多面的に考える

1. 食物を通した生物どうしの関わり②	2	○池や川にすむメダカが何を食べているのかを調べる。 ・池や川にすむメダカの食べ物を予想する。 ・プレパラートの作り方を理解する。 ・顕微鏡を使って，池や川の水の中の小さな生物を観察する。 ・池や川などの水の中にいる小さな生物をメダカに与え，食べるかどうかを調べる。 ・池や小川の中には小さな生物がいて，メダカが食べていることを理解する。 ・調べた結果から，食べ物を通した生物どうしの関わり合いについて考察する。 ・動物は，自分で養分をつくりだしている植物や，植物を食べた動物を食べることで養分を取り入れていることを理解する。 ・生物どうしの「食べる・食べられる」という一連の関係を，食物連鎖ということを理解する。 ・煮干しの胃を取り出して，胃の中の破片を顕微鏡で観察する。	共通性・多様性 関係付け
2. 生物と水との関わり	1	○生物と水との関わりについて調べる。 ・動物や植物は，体の中に水を常に取り入れて生きていることから問題を見つける。 ・これまでに学習したことから，生物がどのように水と関わっているのかを話し合う。 ・動物も植物も，体にたくさんの水が含まれていることと，水が命をささえるはたらきをしていることを理解する。 ・動物も植物も，生きていくために水が必要であることと，そのために外から水を取り入れていることを理解する。 ・自然のなかでの水の循環と，生物との関わりについて考える。	共通性・多様性 関係付け 多面的に考える
3. 生物と空気との関わり	2	○生物と空気との関わりについて調べる。 ・これまでに学習したことを振り返りながら話し合い，空気を通した生物どうしの関わりについての問題を見つける。 ・植物が出し入れする気体が何か，日光の条件を変えた2つの植物で条件制御しながら実験する。 ・植物に被せた袋の中の酸素や二酸化炭素の量の変化を気体検知管で調べる。 ・気体検知管で調べた結果から考察する。 ・日光が当たると，植物は空気中の二酸化炭素を取り入れ，酸素を出すことを理解する。 ・動物は植物が出した酸素を吸って二酸化炭素を吐き出し，日光が当たった植物は動物が出した二酸化炭素を取り入れて酸素を出していることを理解する。 ・植物も動物と同じように，呼吸をして酸素を取り入れ，二酸化炭素を出すことを理解する。 ・生物と食物，水，空気との関わりについて総合的に考え，まとめる。	共通性・多様性　比較 関係付け　条件制御 多面的に考える
○まとめてみよう	1	○生物と環境との関わりについて学んだことを生かして問題を解く。	共通性・多様性 多面的に考える

6年 学図 　　　　　　　　　　　教科書：p.80〜99　配当時数：9時間　配当月：9月

5. てこのしくみとはたらき

内容の区分 A 物質・エネルギー

関連する道徳の内容項目 B 親切，思いやり　C 勤労，公共の精神／伝統と文化の尊重，国や郷土を愛する態度

到達目標

≫知識・技能

○支点・力点・作用点の用語の意味と，てこを利用した道具の仕組みがわかる。

○てこを利用して，小さな力で物を持ち上げることができる。

○実験の結果を，正確にわかりやすく記録することができる。

≫思考・判断・表現

○てこの規則性に関する問題について，根拠のある予想や仮説を立てることができる。

○予想や仮説を確かめるための実験計画を立てることができる。

○実験の結果を多面的に考察し，妥当な結論を導き出すことができる。

≫主体的に学習に取り組む態度　　※「主体的に学習に取り組む態度」は方向目標を示しています。

○てこについて粘り強く追究する活動を通して，身の回りにある様々な道具にてこが利用されていることを知り，てこのはたらきをまとめようとする。

評価規準

≫知識・技能

○てこには，3つの点 (支点・力点・作用点) があることを理解している。

○てこの仕組みと，身の回りにはてこの規則性を利用した道具があることを理解している。

○てこを利用して物を持ち上げるときの力は，支点から力点や作用点までの位置が関係していることを理解している。

○てこの腕を傾けるはたらきは，おもりの重さ×支点からの距離で表せることを理解している。

○棒の傾いている方が大きな力がはたらいていることと，棒が水平になったときは左右の力の大きさが同じになっていることを理解している。

○てこを扱う実験を安全に行っている。

○てこの規則性を調べる実験の結果を，正確に記録している。

　　　　　　　　　　　　　　　　　　　　● 対応する学習指導要領の項目：A(3) ア (ア)(イ)

130

≫思考・判断・表現

○支点から力点や作用点までの距離を変えたときの手応えの変化をもとに，てこの規則性について根拠のある予想を立てている。

○立てた予想を発表したり，文章にまとめている。

○友だちの意見を聞いて，自分の予想の妥当性について考えている。

○予想を確かめるための実験を計画している。

○てこの3つの点の距離を変えたときの手応えの違いについて，結果をもとに発表し合い，3つの点の位置と手応えとの関係について多面的に考察している。

○考察から，棒を傾けるはたらきの大きさは，「力点にかかるおもりの重さ」と「支点からの距離」の積になることを導き出している。

● 対応する学習指導要領の項目：A(3) イ

≫主体的に学習に取り組む態度

○てこの規則性について問題を見つけ，根拠のある予想・仮説を立てて実験し，実験内容と結果とを関係づけて自分の考えをまとめている。

○てこの実験計画について，友だちとの話し合いを通して自らの考えを見直している。

○てこの実験結果をもとに考察したことについて，自分の意見を人にわかりやすく伝えるくふうをしている。

○てこのはたらきの学習で，わかったこととまだわからないこと，できるようになったこととまだできないことが何かを，自分で考えている。

関連する既習内容

学年		内容
3	年	風とゴムの力の働き
5	年	振り子の運動

学習活動

小単元名	時数	学習活動	見方・考え方
1. てこのはたらき	3	○支点から力点，支点から作用点までの距離と手応えとの関係について調べる。 ・重いものをそのまま持ち上げたときと，てこを使って持ち上げたときとで手応えを比べる。 ・てこの仕組みを理解する。 ・てこを使って重いものを持ち上げたときの手応えなどから，問題を見つける。 ・支点と作用点の位置を変えないで，力点の位置を変えて手応えの変化を調べる。 ・支点と力点の位置を変えないで，作用点の位置を変えて手応えの変化を調べる。 ・手応えが小さくなるのは，支点から力点までの距離を長くしたときと，支点から作用点までの距離を短くしたときであることを理解する。 ・支点から力点，支点から作用点までの距離と手応えとの関係をまとめる。 ・バケツの中に砂を入れ，てこを水平につり合わせたときのバケツと砂の重さで，力点に加わった力の大きさを表す。	量的・関係的　比較 条件制御 多面的に考える
2. てこがつり合うときのきまり	3	○てこのつり合いの規則性について調べる。 ・実験用てこの右の腕につるすおもりの数や位置を変えて，つり合うときのおもりの位置と数を調べる。 ・実験の結果から，てこがつり合うときのきまりを見つけ，まとめる。 ・てこを傾けるはたらきの大きさは，「おもりの重さ×支点からの距離」になることを理解する。 ・てこが水平につり合うときは，「おもりの重さ×支点からの距離」が左右の腕で等しくなっていることを理解する。 ・実験用てこの左右の腕の支点からの距離を決め，おもりをつり合わせ，おもりの重さと支点からの距離 (cm) の積を比較する。 ・てんびんの仕組みを理解する。	量的・関係的　比較 多面的に考える
3. てこの利用	2	○てこのはたらきを利用した道具の仕組み (支点・力点・作用点) について調べる。 ・くぎ抜き，空き缶つぶし器，ピンセットなどの道具の支点，力点，作用点を調べ，まとめる。 ・支点が力点と作用点の間にあるてこ，作用点が支点と力点の間にあるてこ，力点が支点と作用点の間にあるてこがあることを理解する。 ・蛇口などに利用されている輪軸について理解する。	量的・関係的　比較 多面的に考える
○まとめてみよう	1	○てこのはたらきについて学んだことを生かして問題を解く。	量的・関係的 多面的に考える

| 6年 | 学図 |

教科書：p.100〜115　配当時数：9時間　配当月：10月

6. 月の形と太陽

内容の区分　B 生命・地球

関連する道徳の内容項目　A 真理の探究　C 伝統と文化の尊重，国や郷土を愛する態度

到達目標

≫知識・技能

○月は太陽の光をはねかえすことで輝いていることがわかる。

○月の形の見え方が日によって変化するのは，月と太陽の位置が関係していることがわかる。

○本やインターネットなどを活用して，月の形の変化のようすについて必要な情報を集めることができる。

○月の形の変化や月と太陽の位置について，安全に観察したり記録したりすることができる。

○月の形の見え方と太陽の位置の関係を調べる実験を適切に行い，その結果を記録することができる。

≫思考・判断・表現

○予想や仮説を確かめるための実験計画を立てることができる。

○月の形の変化を，太陽，月，地球の位置と関係づけてとらえ，その関係を説明することができる。

○月の形の見え方と太陽の位置との関係を調べる実験の結果から，より妥当な考えを導き出し，表現することができる。

≫主体的に学習に取り組む態度　※「主体的に学習に取り組む態度」は方向目標を示しています。

○月の形とその変化について粘り強く追究する活動を通して，月の形の見え方と太陽の位置との関係について知り，まとめようとする。

評価規準

≫知識・技能

○月は太陽の光をはねかえすことで輝いていることを理解している。

○月の形の見え方が日によって変化するのは，月と太陽の位置が関係していることを理解している。

○月と太陽の位置について調べる観察を安全に行い，観察結果を正確に記録している。

○月の形の見え方と太陽の位置との関係を調べる実験を適切に行い，結果を正確に記録している。

　　　　　　　　　　　　　　　　　　　　　　　　●対応する学習指導要領の項目：B(5) ア (ア)

≫思考・判断・表現

○友だちの意見を聞いて，自分の予想の妥当性について考えている。

○予想を確かめるための実験を計画している。

○月と太陽の位置について調べた観察結果をもとに，図に描いてわかりやすく表現している。

○月の形が変化することを，月と太陽の位置関係が変化することと関係づけてとらえ，月の形が変化して見える理由を，図や言葉でわかりやすく表現している。

　　　　　　　　　　　　　　　　　　　　　　　　●対応する学習指導要領の項目：B(5) イ

≫主体的に学習に取り組む態度

○月の形の見え方が日によって変化する理由について，根拠のある予想・仮説を立てて実験し，実験内容と結果とを関係づけて自分の考えをまとめている。

○月の形の見え方と太陽の位置との関係を調べる実験計画について，友だちとの話し合いを通して自らの考えを見直している。

○月の形の見え方と太陽の位置との関係を調べる実験結果をもとに考察したことについて，自分の意見を人にわかりやすく伝えるくふうをしている。

○月と太陽の学習で，わかったこととまだわからないこと，できるようになったこととまだできないことが何かを，自分で考えている。

関連する既習内容

学年		内容
3	年	太陽と地面の様子
4	年	月と星

学習活動

小単元名	時数	学習活動	見方・考え方
○導入	1	○教科書 P.100，101 にある月と太陽の 2 枚の写真を見て，気づいたことを話し合う。 ・違う日の夕方の月と太陽の写真を見て，月と太陽の位置関係に着目し，気づいたことを話し合って問題を見つける。	時間的・空間的　比較 関係付け
1. 月の形とその変化	3	○夕方の月の形の変化と，太陽との関係を調べる。 ・夕方に見える月を観察し，月の形と位置，太陽の位置を調べ，正確に記録する。 ・2，3日おきに2回，同時刻に同じ場所で月を観察し，月の形と位置，太陽の位置を調べ，正確に記録する。 ・夕方に見える月は，日がたつと明るく見える部分が増え，東へと位置が変わっていくことを理解する。 ・月の輝いている側にいつも太陽があることを理解する。 ・朝に西の空に見える月の変化について調べたり，天体シミュレーションソフトなどで調べたりする。	時間的・空間的　比較 関係付け

2. 月の形の変化と太陽	4	○月の形が日によって変化する理由について調べる。	時間的・空間的　比較
		・月の輝いている側にいつも太陽があることに着目して話し合い，問題を見つける。	関係付け
		・本やインターネットで，月の表面のようすや形について調べる。	多面的に考える
		・双眼鏡などで，半月の表面のようすを観察する。	
		・観察した結果から，月は球形で，太陽の光を反射して輝いて見えることを導き出す。	
		・月の表面は岩石であることを理解する。	
		・月のように球体に近いものに日光が当たっているようすを見て問題を見つけ，調べ方の計画を立てる。	
		・これまでの学習を振り返り，月の形の見え方と太陽の位置の関係を調べる実験計画を立てる。	
		・月に見立てたボールに，太陽に見立てた光源装置の光を当てるモデル実験を行い，結果を記録する。	
		・月の形が日によって変化するのは，月と太陽の位置関係が変化し，月が太陽の光を反射している部分の見え方が変化するからだということを導き出す。	
○まとめてみよう	1	○月と太陽について学んだことを生かして問題を解く。	時間的・空間的 多面的に考える

| 6年 | 学図 |

教科書：p.116〜135　配当時数：8時間　配当月：10〜11月

7. 大地のつくりと変化

内容の区分　B 生命・地球

関連する道徳の内容項目　C 勤労，公共の精神　D 自然愛護

到達目標

≫知識・技能

○土地は，礫，砂，泥，火山灰などからできていて，それぞれの層は，広い範囲で積み重なっていることがわかる。

○地層は，流れる水のはたらきや火山の噴火によってできることがわかる。

○地層のようすを安全に観察したり，層に含まれている礫や砂などを採取して調べることができる。

≫思考・判断・表現

○予想や仮説を確かめるための実験計画を立てることができる。

○層の構成物などから，流れる水のはたらきでできた層か，火山の噴火でできた層かを導き出すことができる。

○地層を観察した結果から，より妥当な考えを導き出し，表現することができる。

≫主体的に学習に取り組む態度　　※「主体的に学習に取り組む態度」は方向目標を示しています。

○土地のつくりと変化について粘り強く追究する活動を通して，地層のでき方について知り，まとめようとする。

評価規準

≫知識・技能

○土地は，礫，砂，泥，火山灰などからできていることを理解している。

○地層は，流れる水のはたらきや火山の噴火によってできることを理解している。

○地層から見つかる動物や植物の一部，動物のすみか，足あとなどを化石ということを理解している。

○地層のようすを安全に観察したり，層に含まれている礫や砂などを採取して調べ，その結果をわかりやすく記録している。

○博物館や科学館，資料などを活用して必要な情報を集め，その結果をわかりやすくまとめている。

　　　　　　　　　　　　　　　　　　　　　　　　　→ 対応する学習指導要領の項目：B(4) ア (ア)(イ)

≫思考・判断・表現

○友だちの意見を聞いて，自分の予想の妥当性について考えている。

○層の構成物から，その地層のでき方を予想し，実験から導き出した結論をわかりやすくまとめている。

　　　　　　　　　　　　　　　　　　　　　　　　　　　　　→ 対応する学習指導要領の項目：B(4) イ

≫主体的に学習に取り組む態度

○地層のでき方について問題を見つけ，根拠のある予想・仮説を立てて実験し，実験内容と結果とを関係づけて自分の考えをまとめている。

○地層のでき方を調べる実験計画について，友だちとの話し合いを通して自らの考えを見直している。

○地層のでき方を調べる実験結果をもとに考察したことについて，自分の意見を人にわかりやすく伝えるくふうをしている。

関連する既習内容

学年		内容
4	年	雨水の行方と地面の様子
5	年	流れる水の働きと土地の変化

学習活動

小単元名	時数	学習活動	見方・考え方
1. しま模様に見えるわけ①	1	○縞模様に見える崖について調べる。 ・教科書 P.116〜118 の写真を見て，崖の縞模様や，その縞模様が遠くまで続いていることに着目し，気づいたことを話し合って問題を見つける。 ・教科書 P.119 の写真や資料を見て，崖の縞模様や，その広がりについて考察する。 ・崖に縞模様が見られるのは，それぞれの層の構成物の粒の大きさや色が違うからだということを導き出す。 ・崖の縞模様は，泥，砂，礫，火山灰などが層になって積み重なってできていることを理解する。 ・いくつかの層の重なりを地層ということを理解する。	時間的・空間的　比較 関係付け
1. しま模様に見えるわけ②	1	○化石について調べる。 ・化石が含まれている地層があることから，問題を見つける。 ・化石標本や本などで，化石について調べる。 ・化石は，大昔の生物の体や，動物の生活していたあとが大地に埋もれてできたものだということを理解する。	時間的・空間的　比較 関係付け
2. 地層のでき方①	2	○水のはたらきでできた地層について調べる。 ・今までに学習したことと層の構成物を関係づけて地層がどのようにしてできるのかを話し合い，問題を見つける。 ・海底に見立てた装置を使い，砂と泥と水をまぜたものを流し込む実験をして結果を記録する。 ・実験の結果や教科書 P.127 の写真から，考察する。 ・考察から，水のはたらきでできた地層のでき方をまとめ，理解する。 ・礫岩，砂岩，泥岩について理解する。 ・ヒマラヤ山脈で海の生物の化石が見つかることから，大地全体が大きな力によって動いていることを理解する。	時間的・空間的　比較 関係付け

2. 地層のでき方②	3	○火山の噴火によってできる地層について調べる。	時間的・空間的　比較
		・教科書 P.129 の写真を見て問題を見つけ，双眼実体顕微鏡で火山灰の観察をする。	関係付け
		・観察した火山灰と，火山灰からできた層の土の拡大写真から，火山灰が積もって層ができることを理解する。	
		・火山の噴火によってできた層には，角ばった礫や表面に小さな穴がたくさんある礫がまじっていることがあることを理解する。	
		・近くに地層が見られる場合は，その層が水と火山のどちらのはたらきでできた地層なのかを安全に留意して調べ，記録する。	
		・流れる水のはたらきや火山の噴火によって地層ができることをまとめる。	
○まとめてみよう	1	○土地のつくりと変化について学んだことを生かして問題を解く。	時間的・空間的 多面的に考える

| 6年 | 学図 |

教科書：p.136〜147　配当時数：4時間　配当月：11月

● 火山の噴火と地震

内容の区分　B 生命・地球

関連する道徳の内容項目　C 勤労，公共の精神／伝統と文化の尊重，国や郷土を愛する態度　D 生命の尊さ

到達目標

≫知識・技能

○土地は，火山の噴火や地震によってようすが変化することがわかる。

○火山活動や地震による災害や防災・減災活動などについて，本やコンピュータ，博物館などを活用して必要な情報を集めることができる。

≫思考・判断・表現

○資料を調べたり，話し合いをした結果から，より妥当な考えを導き出し，表現することができる。

≫主体的に学習に取り組む態度　※「主体的に学習に取り組む態度」は方向目標を示しています。

○火山の噴火と地震について粘り強く追究する活動を通して，火山活動や地震による土地の変化について知り，まとめようとする。

評価規準

≫知識・技能

○博物館や科学館，本やコンピュータなどを活用して必要な情報を集め，その結果をわかりやすくまとめている。

○火山活動や地震によって土地が変化することを理解している。

○火山活動や地震による災害で，自分たちが住んでいる地域の暮らしに様々な影響や危険があることを理解している。

　　　　　　　　　　　　　　　　　　　　　　　　　　　●対応する学習指導要領の項目：B(4) ア (ウ)

≫思考・判断・表現

○博物館や本やコンピュータなどで調べたことから，火山活動や地震と土地が変化することを関係づけてわかりやすく表現している。

○火山活動や地震による災害が私たちの生活におよぼす影響を知り，どのような備えをしなくてはならないかを調べ，わかりやすくまとめている。

　　　　　　　　　　　　　　　　　　　　　　　　　　　●対応する学習指導要領の項目：B(4) イ

≫主体的に学習に取り組む態度

○火山活動や地震による大地の変化を調べた結果をもとに考察し，自分の意見を人にわかりやすく伝える工夫をしている。

○火山活動や地震によって土地が変化することを知り，防災や減災対策で自分たちにできることを考え取り組もうとしている。

関連する既習内容

学年	内容
4 年	雨水の行方と地面の様子
5 年	流れる水の働きと土地の変化
6 年	土地のつくりと変化 (土地の構成物と地層の広がり，地層のでき方)

学習活動

小単元名	時数	学習活動	見方・考え方
1. 火山の噴火や地震と大地の変化	2	○火山の噴火や地震による大地の変化を調べる。 ・教科書 P.136，137 の写真を見て気づいたことを話し合い，問題を見つける。 ・これまでに起きた火山の噴火の記録を，本やインターネットなどで調べる。 ・調べたことから，火山の噴火によって大地がどのように変化したかをまとめる。 ・火山の噴火による火山灰や溶岩の噴出が繰り返されることで，大地のようすが変化していくことを理解する。 ・これまでに起きた地震の記録を，本やインターネットなどで調べる。 ・調べたことから，地震によって大地がどのように変化したかをまとめる。 ・大地に断層が生じると地震が起きることや，地震によって大地のようすが変化することを理解する。	時間的・空間的 関係付け 多面的に考える
2. 火山の噴火や地震と私たちのくらし	2	○火山の噴火や地震による災害や，災害に対する備えについて考える。 ・本やインターネットなどで，火山の噴火や地震による災害について調べる。 ・自分たちの暮らしている地域で，火山の噴火活動や地震による災害に備えて取り組んでいることを調べる。 ・火山の噴火や地震による災害から生命を守るために，自分たちが日常的にできる備えについて考え，話し合う。	時間的・空間的 多面的に考える

| 6年 | 学図 |

教科書：p.148〜171　配当時数：10時間　配当月：11〜12月

8. 水溶液の性質

| 内容の区分 | A 物質・エネルギー

| 関連する道徳の内容項目 | D 自然愛護

到達目標

≫知識・技能

○溶けている物，色，においなどの性質から，水溶液を分けることができる。

○水溶液には気体や固体が溶けているものがあり，酸性・中性・アルカリ性に分けられることがわかる。

○水溶液を扱う実験を安全に行い，その結果を正確に記録することができる。

≫思考・判断・表現

○水溶液の性質について問題を見つけることができる。

○予想や仮説を確かめるための実験計画を立てることができる。

○金属が溶けた水溶液を加熱して得られる物の性質から，金属が水溶液によって質的に変化していることを説明することができる。

○水溶液の性質を調べる実験の結果から，より妥当な考えを導き出し，表現することができる。

≫主体的に学習に取り組む態度　　※「主体的に学習に取り組む態度」は方向目標を示しています。

○水溶液の性質について粘り強く追究する活動を通して，水溶液の性質やはたらきの違いについて知り，まとめようとする。

評価規準

≫知識・技能

○水溶液には，気体が溶けているものと固体が溶けているものがあることを理解している。

○水溶液は，その性質によって酸性・アルカリ性・中性に分けられることを理解している。

○水溶液には，金属を変化させるものがあることを理解している。

○リトマス紙を使って水溶液の性質を調べ，その結果を記録している。

○水溶液を扱う際の注意事項を知り，正しく取り扱っている。

○水溶液を扱う実験を安全に行い，その結果を正確に記録している。

●対応する学習指導要領の項目：A(2) ア (ア)(イ)(ウ)

≫思考・判断・表現

○友だちの意見を聞いて，自分の予想の妥当性について考えている。

○リトマス紙を使って水溶液の性質を調べ，赤色と青色のリトマス紙のそれぞれの色の変化を表にまとめている。

○金属が溶けた水溶液を加熱して得られる物の性質から，金属が水溶液によって質的に変化していることを関係づけて表現している。

●対応する学習指導要領の項目：A(2) イ

≫主体的に学習に取り組む態度

○炭酸水に溶けている物について，根拠のある予想・仮説を立てて実験し，実験内容と結果を関係づけて自分の考えをまとめている。

○水溶液の性質を調べる実験計画について，友だちとの話し合いを通して自らの考えを見直している。

○水溶液の性質を調べる実験結果をもとに考察したことについて，自分の意見を人にわかりやすく伝えるくふうをしている。

○水溶液の性質の学習で，わかったこととまだわからないこと，できるようになったこととまだできないことが何かを，自分で考えている。

関連する既習内容

学年		内容
5	年	物の溶け方

学習活動

小単元名	時数	学習活動	見方・考え方
1. 水溶液にとけているもの①	3	○提示された4種類の透明な液体について，見た目やにおいなどを調べる。 ・5年生の物の溶け方の学習を振り返り，身の回りにある水溶液について問題を見つける。 ・4種類の水溶液を見比べたり，5年生で食塩水から食塩を取り出した方法を振り返るなどして調べ方の計画を立てる。 ・水溶液の安全な取り扱い方について確認する。 ・水溶液の見たようす，においを調べたり，水溶液を熱して水を蒸発させる実験をしたりする。 ・水溶液の見た目，におい，熱した後に残った物について表にまとめる。 ・水を蒸発させると食塩水のみ白い固体が残ったことから，食塩水は固体の食塩が溶けている水溶液であることを理解する。	質的・実体的　比較
1. 水溶液にとけているもの②	1	○炭酸水には，何が溶けているのかを調べる。 ・炭酸水から出てくる泡が何かを予想し，調べ方の計画を立てる。 ・炭酸水から出る気体に触れた石灰水が白く濁るかどうかを調べる。 ・実験結果から，炭酸水に溶けている物は二酸化炭素であることを導き出す。 ・気体の溶けている炭酸水，塩酸，アンモニア水についてまとめる。 ・二酸化炭素を水に溶かし，炭酸水を作って，石灰水が白く濁るか確かめる。	質的・実体的 関係付け

142

2. 水溶液のなかま分け	2	○4種類の水溶液がそれぞれ何性なのかを調べる。 ・リトマス紙に4種類の水溶液をつけて，色の変化を調べる。 ・赤色のリトマス紙を青色に変化させる水溶液，青色のリトマス紙を赤色に変化させる水溶液，どちらの色も変化しない水溶液に分ける。 ・リトマス紙の色の変化から，酸性，中性，アルカリ性に分けられることを理解する。 ・リトマス紙を使った実験の結果から，4種類の水溶液の性質をまとめる。	質的・実体的　比較 関係付け
3. 水よう液と金属①	1	○塩酸に金属を入れたときの金属の変化を調べる。 ・塩酸を入れる容器の素材に着目し，問題を見つける。 ・アルミニウムや鉄の入った試験管に塩酸を入れたときの変化を調べ，その結果を記録する。 ・実験結果から，塩酸には気体を発生させながら金属を溶かす性質があることをまとめる。	質的・実体的　比較 多面的に考える
3. 水溶液と金属②	2	○塩酸に溶けた金属について調べる。 ・塩酸に鉄とアルミニウムが溶けた液を別々の蒸発皿にとって熱し，蒸発皿に残った物のようすを調べる。 ・蒸発皿に残った物を塩酸に入れてようすを調べる。 ・調べた結果をもとに話し合い，塩酸に溶けた金属は別の物に変化することを理解し，まとめる。	質的・実体的　比較 多面的に考える
○まとめてみよう	1	○水溶液の性質について学んだことを生かして問題を解く。	質的・実体的 多面的に考える

6年

| 6年 | 学図 |

教科書：p.174〜199　配当時数：16 時間　配当月：1 月

9. 電気と私たちの生活

| 内容の区分 | A 物質・エネルギー

| 関連する道徳の内容項目 | C 勤労，公共の精神　D 生命の尊さ／自然愛護

到達目標

≫知識・技能

○電気は，つくったり蓄えたりすることができ，光，音，熱，運動など様々な形に変えて利用できることがわかる。

○身の回りには，電気を光，音，熱，運動などに変えて利用している道具がたくさんあることがわかる。

○手回し発電機やコンデンサーを使って実験を行い，その結果を正確に記録することができる。

≫思考・判断・表現

○予想や仮説を確かめるための実験計画を立てることができる。

○豆電球と発光ダイオードの明かりのついている時間の違いから，豆電球よりも発光ダイオードの方が使用する電気の量が少ないことを説明することができる。

○電気を何に変えて利用しているのかを調べた結果から，より妥当な考えを導き出し，表現することができる。

○プログラミングの学習で，指示ブロックをくふうして組み合わせ，その内容をわかりやすく説明することができる。

≫主体的に学習に取り組む態度　※「主体的に学習に取り組む態度」は方向目標を示しています。

○電気の利用について粘り強く追究する活動を通して，電気を光，音，熱，運動などに変えて利用していることについて知り，まとめようとする。

○プログラミングの学習で，目的に合った指示ブロックを選び，粘り強くプログラムを完成させようとする。

評価規準

≫知識・技能

○電気は，つくったり蓄えたりすることができ，光，音，熱，運動など様々な形に変えて利用できることを理解している。

○身の回りには，電気を光，音，熱，運動などに変えて利用している道具がたくさんあることを理解している。

○手回し発電機やコンデンサー，光電池などを，安全に正しく取り扱っている。

○手回し発電機やコンデンサーを適切に使って実験を行い，その結果を正確に記録している。

●対応する学習指導要領の項目：A(4) ア (ア)(イ)(ウ)

≫思考・判断・表現

○友だちの意見を聞いて，自分の予想の妥当性について考えている。

○身の回りの電気製品を見て，電気のはたらきを何に変えているのかを調べ，わかりやすく表にまとめている。

○豆電球と発光ダイオードの明かりのついている時間を電気の使用量に関係づけて考え，豆電球よりも発光ダイオードの方が使用する電気の量が少ないことを説明している。

○プログラミングの学習で，プログラムを短くするくふうを考えている。

●対応する学習指導要領の項目：A(4) イ

≫主体的に学習に取り組む態度

○発電・蓄電について調べる実験結果をもとに考察したことについて，自分の意見を人にわかりやすく伝えるくふうをしている。

○豆電球と発光ダイオードの点灯時間について，根拠のある予想・仮説を立てて実験し，実験内容と結果を関係づけて自分の考えをまとめている。

○プログラムが計画通りに動かなかったとき，計画を見直して粘り強くプログラムを完成させている。

○電気の利用の学習で，わかったこととまだわからないこと，できるようになったこととまだできないことが何かを，自分で考えている。

関連する既習内容

学年		内容
3	年	磁石の性質
3	年	電気の通り道
4	年	電流の働き
5	年	電流がつくる磁力

学習活動

小単元名	時数	学習活動	見方・考え方
1. 電気をつくる①	2	○電気をつくることについて調べる。 ・身の回りで電気が使われていることと，その電気は発電所でつくられていることを理解する。 ・電気をつくることを発電ということを理解する。 ・手回し発電機について理解し，手回し発電機で発電した電気と乾電池を比べて，問題を見つける。 ・手回し発電機で発電するとき，電流の大きさや向きを変えるにはどうすればよいかを調べる。 ・手回し発電機のハンドルを回す速さを速くすると，電流の大きさが大きくなることを導き出す。 ・手回し発電機のハンドルを逆に回すと，回路に流れる電流の向きが逆になることを理解する。	量的・関係的　比較 関係付け
1. 電気をつくる②	2	○光電池について調べる。 ・発電所のうち，太陽光発電所では光電池に光を当てて発電していることを理解する。 ・光電池で発電するとき，電流の大きさを変えるにはどうすればよいかを調べる。 ・光電池に光を当てると電気をつくることができ，光電池に当てる光を強くすると電流の大きさが大きくなることを理解する。	量的・関係的　比較 関係付け

145

2. 電気をためる	4	○蓄電したコンデンサーにつなぐものによって使用時間が違う理由を調べる。 ・身の回りでためた電気を利用しているものがあることを知り，コンデンサーについて理解する。 ・コンデンサーに手回し発電機をつないで電気をため，豆電球や発光ダイオードをつないで点灯時間を調べ，問題を見つける。 ・豆電球と発光ダイオードで点灯時間が違う理由を調べる。 ・蓄電量が同じコンデンサーで，つなぐものによって使用時間が異なるのは，電気の使用量が違うからだということを理解する。 ・発光ダイオードの電気の使用量は，豆電球より少ないことを理解する。	量的・関係的　比較 関係付け　条件制御
3. 電気を使う①	2	○電熱線に電流を流すと発熱するかどうかを調べる。 ・ヘアドライヤーなどに使われている電熱線について理解する。 ・電源装置などを使って，電熱線に電流を流すと発熱するかどうかを調べる。 ・電熱線に電流を流すと発熱することを理解する。	量的・関係的 関係付け
3. 電気を使う②	1	○電気をどのようなはたらきに変えて利用しているのかを調べる。 ・身の回りの電気製品では，電気は何に変わって利用されているのかを調べる。 ・調べた結果から，電気は，光，音，熱，運動などのはたらきに変わることを理解し，まとめる。 ・身の回りの電気製品は，電気を光，音，熱，運動などのはたらきに変えて利用していることを理解する。	量的・関係的　比較 関係付け
○プログラムやセンサーの利用	4	○プログラミングを体験する。 ・プログラムによって動作しているイルミネーションライトなどを参考にして，プログラミングを体験し，その仕組みを理解する。 ・身の回りには，プログラムやセンサーを利用して電気を効率よく使っている電気製品があることを理解する。 ・生活のなかで効率よく電気を使う方法について話し合い，その内容に合わせてプログラムを組む。	量的・関係的 関係付け 多面的に考える
○まとめてみよう	1	○電気の利用について学んだことを生かして問題を解く。	量的・関係的 多面的に考える

| 6年 | 学図 |

教科書：p.200〜211　配当時数：10時間　配当月：2〜3月

10. 人と環境

内容の区分 B 生命・地球

関連する道徳の内容項目 C 勤労，公共の精神　D 生命の尊さ／自然愛護／よりよく生きる喜び

到達目標

》知識・技能

○生物は，環境と関わり合って生きていることがわかる。

○生物が互いに関わり合って生きていることと，人も環境の一部であることがわかる。

○人が環境におよぼしている影響についてわかる。

○人が環境に与える影響を知り，どのように地球環境と関わっていけばよいのかを調べることができる。

○人と環境との関わりについて，本やコンピュータなどから必要な情報を集めることができる。

》思考・判断・表現

○人と環境との関わりについて関心をもち，進んで環境問題について調べ，自分にできることを多面的に考えることができる。

○人がどのように地球環境と関わっていけばよいのかを多面的に考え，発表することができる。

》主体的に学習に取り組む態度　※「主体的に学習に取り組む態度」は方向目標を示しています。

○生物と環境について粘り強く追究する活動を通して，人の生活が環境に与える影響について知り，これから私たちが環境と
　よりよく関わっていくためのくふうを考えてまとめようとする。

評価規準

》知識・技能

○人は，空気や水，植物を通して環境と関わり合って生きていることを理解している。

○人の食べ物のもとをたどると，植物に行きつくことを理解している。

○生物が互いに関わり合って生きていることと，人も環境の一部であることを理解している。

○人が環境におよぼしている影響について理解している。

○これまでに学習した内容や新たに集めた情報をもとにして，人と環境とのつながりを多面的にまとめている。

○人が環境に与える影響を多面的に考え，どのように地球環境と関わっていけばよいのかを調べている。

○本やコンピュータなどを活用して，環境問題などについての必要な情報を集めている。

　　　　　　　　　　　　　　　　　　　　　　　　　　● 対応する学習指導要領の項目：B(3) ア (ア)(イ)(ウ)

》思考・判断・表現

○既習内容などをもとに，人と環境との関わりについて多面的にとらえ，その関わりをわかりやすくまとめている。

○人がどのように地球環境と関わっていけばよいのかを多面的に考え，わかりやすく発表している。

　　　　　　　　　　　　　　　　　　　　　　　　　　● 対応する学習指導要領の項目：B(3) イ

》主体的に学習に取り組む態度

○これから私たちがどのように地球環境と関わっていけばよいのかを考察し，自分の意見を人にわかりやすく伝えるくふう
をしている。

○生物と環境の学習で，わかったこととまだわからないこと，できるようになったこととまだできないことが何かを，自分
で考えている。

関連する既習内容

学年		内容
3	年	身の回りの生物
4	年	季節と生物
6	年	電気の利用
6	年	燃焼の仕組み
6	年	水溶液の性質
6	年	人の体のつくりと働き
6	年	植物の養分と水の通り道
6	年	生物と環境 (生物と水，空気との関わり，食べ物による生物の関係)

学習活動

小単元名	時数	学習活動	見方・考え方
1. 人と環境①	2	○人と空気との関わりについて調べる。 ・これまでに学習したことと，人と環境との関係について話し合う。 ・生物は呼吸をしていることと，人は生活のなかで物を燃やして多くの二酸化炭素を発生させていることを理解する。 ・人と空気との関わりや，人の生活が空気に与える影響について，本やインターネットを利用して調べ，まとめる。	共通性・多様性 関係付け 多面的に考える
1. 人と環境②	2	○人と水との関わりについて調べる。 ・生物は絶えず水を取り入れていることと，人は生活のなかで農地や工場などでも多くの水を使用していることを理解する。 ・人と空気との関わりや，人の生活が空気に与える影響について，本やインターネットを利用して調べ，まとめる。	共通性・多様性 関係付け 多面的に考える
1. 人と環境③	2	○人と植物との関わりについて調べる。 ・人の食べ物のもとをたどっていくと植物に行きつくことと，生活のために多くの木材を利用していることを理解する。 ・人と植物との関わりや，人の生活が植物に与える影響について，本やインターネットを利用して調べ，まとめる。	共通性・多様性 関係付け 多面的に考える

2. 持続可能な社会	3	○持続可能な社会をつくるために，どのように地球環境と関わって いけばよいのかを調べる。 ・持続可能な社会について理解する。 ・持続可能な社会をつくるため，自分自身の生活を見直し，生活の なかに様々なくふうを取り入れる方法を話し合う。 ・これまでの理科の学習や自分の生活を振り返り，人と環境とのよ りよい関わり方を考えてまとめる。	共通性・多様性 関係付け 多面的に考える
○まとめてみよう	1	○生物と環境について学んだことを生かして問題を解く。	共通性・多様性 多面的に考える

MEMO

MEMO

学習指導要領

第4節　理　　科

第1　目　標

　自然に親しみ，理科の見方・考え方を働かせ，見通しをもって観察，実験を行うことなどを通して，自然の事物・現象についての問題を科学的に解決するために必要な資質・能力を次のとおり育成することを目指す。

(1)　自然の事物・現象についての理解を図り，観察，実験などに関する基本的な技能を身に付けるようにする。

(2)　観察，実験などを行い，問題解決の力を養う。

(3)　自然を愛する心情や主体的に問題解決しようとする態度を養う。

第2　各学年の目標及び内容

〔第3学年〕

1　目　標

(1)　物質・エネルギー

①　物の性質，風とゴムの力の働き，光と音の性質，磁石の性質及び電気の回路についての理解を図り，観察，実験などに関する基本的な技能を身に付けるようにする。

②　物の性質，風とゴムの力の働き，光と音の性質，磁石の性質及び電気の回路について追究する中で，主に差異点や共通点を基に，問題を見いだす力を養う。

③　物の性質，風とゴムの力の働き，光と音の性質，磁石の性質及び電気の回路について追究する中で，主体的に問題解決しようとする態度を養う。

(2)　生命・地球

①　身の回りの生物，太陽と地面の様子についての理解を図り，観察，実験などに関する基本的な技能を身に付けるようにする。

②　身の回りの生物，太陽と地面の様子について追究する中で，主に差異点や共通点を基に，問題を見いだす力を養う。

③　身の回りの生物，太陽と地面の様子について追究する中で，生物を愛護する態度や主体的に問題解決しようとする態度を養う。

2　内　容

A　物質・エネルギー

(1)　物と重さ

物の性質について，形や体積に着目して，重さを比較しながら調べる活動を通して，次の事項を身に付けることができるよう指導する。

ア　次のことを理解するとともに，観察，実験などに関する技能を身に付けること。

　(ア)　物は，形が変わっても重さは変わらないこと。

　(イ)　物は，体積が同じでも重さは違うことがあること。

イ　物の形や体積と重さとの関係について追究する中で，差異点や共通点を基に，物の性質についての問題を見いだし，表現すること。

(2)　風とゴムの力の働き

風とゴムの力の働きについて，力と物の動く様子に着目して，それらを比較しながら調べる活動を通して，次の事項を身に付けることができるよう指導する。

ア　次のことを理解するとともに，観察，実験などに関する技能を身に付けること。

　(ア)　風の力は，物を動かすことができること。また，風の力の大きさを変えると，物が動く様子も変わること。

　(イ)　ゴムの力は，物を動かすことができること。また，ゴムの力の大きさを変えると，物が動く様子も変わること。

イ　風とゴムの力で物が動く様子について追究する中で，差異点や共通点を基に，風とゴムの力の働きについての問題を見いだし，表現すること。

(3)　光と音の性質

光と音の性質について，光を当てたときの明るさや暖かさ，音を出したときの震え方に着目して，光の強さや音の大きさを変えたときの違いを比較しながら調べる活動を通して，次の事項を身に付けることができるよう指導する。

ア　次のことを理解するとともに，観察，実験などに関する技能を身に付けること。

　(ア)　日光は直進し，集めたり反射させたりできること。

　(イ)　物に日光を当てると，物の明るさや暖かさが変わること。

　(ウ)　物から音が出たり伝わったりするとき，物は震えていること。また，音の大きさが変わるとき物の震え方が変わること。

イ　光を当てたときの明るさや暖かさの様子，音を出したときの震え方の様子について追究する中で，差異点や共通点を基に，光と音の性質についての問題を見いだし，表現すること。

(4)　磁石の性質

磁石の性質について，磁石を身の回りの物に近付けたときの様子に着目して，それらを比較しながら調べる活動を通して，次の事項を身に付けることができるよう指導する。

ア　次のことを理解するとともに，観察，実験などに関する技能を身に付けること。

　　　(ア)　磁石に引き付けられる物と引き付けられない物があること。また，磁石に近付けると磁石にな
　　　　る物があること。

　　　(イ)　磁石の異極は引き合い，同極は退け合うこと。

　　イ　磁石を身の回りの物に近付けたときの様子について追究する中で，差異点や共通点を基に，磁石
　　　の性質についての問題を見いだし，表現すること。

　(5)　電気の通り道

　　　電気の回路について，乾電池と豆電球などのつなぎ方と乾電池につないだ物の様子に着目して，電
　　気を通すときと通さないときのつなぎ方を比較しながら調べる活動を通して，次の事項を身に付ける
　　ことができるよう指導する。

　　ア　次のことを理解するとともに，観察，実験などに関する技能を身に付けること。

　　　(ア)　電気を通すつなぎ方と通さないつなぎ方があること。

　　　(イ)　電気を通す物と通さない物があること。

　　イ　乾電池と豆電球などのつなぎ方と乾電池につないだ物の様子について追究する中で，差異点や共
　　　通点を基に，電気の回路についての問題を見いだし，表現すること。

B　生命・地球

　(1)　身の回りの生物

　　　身の回りの生物について，探したり育てたりする中で，それらの様子や周辺の環境，成長の過程や
　　体のつくりに着目して，それらを比較しながら調べる活動を通して，次の事項を身に付けることがで
　　きるよう指導する。

　　ア　次のことを理解するとともに，観察，実験などに関する技能を身に付けること。

　　　(ア)　生物は，色，形，大きさなど，姿に違いがあること。また，周辺の環境と関わって生きている
　　　　こと。

　　　(イ)　昆虫の育ち方には一定の順序があること。また，成虫の体は頭，胸及び腹からできている
　　　　こと。

　　　(ウ)　植物の育ち方には一定の順序があること。また，その体は根，茎及び葉からできていること。

　　イ　身の回りの生物の様子について追究する中で，差異点や共通点を基に，身の回りの生物と環境と
　　　の関わり，昆虫や植物の成長のきまりや体のつくりについての問題を見いだし，表現すること。

　(2)　太陽と地面の様子

　　　太陽と地面の様子との関係について，日なたと日陰の様子に着目して，それらを比較しながら調べ
　　る活動を通して，次の事項を身に付けることができるよう指導する。

ア　次のことを理解するとともに，観察，実験などに関する技能を身に付けること。

　(ア)　日陰は太陽の光を遮るとでき，日陰の位置は太陽の位置の変化によって変わること。

　(イ)　地面は太陽によって暖められ，日なたと日陰では地面の暖かさや湿り気に違いがあること。

イ　日なたと日陰の様子について追究する中で，差異点や共通点を基に，太陽と地面の様子との関係についての問題を見いだし，表現すること。

3　内容の取扱い

(1)　内容の「A物質・エネルギー」の指導に当たっては，3種類以上のものづくりを行うものとする。

(2)　内容の「A物質・エネルギー」の(4)のアの(ア)については，磁石が物を引き付ける力は，磁石と物の距離によって変わることにも触れること。

(3)　内容の「B生命・地球」の(1)については，次のとおり取り扱うものとする。

ア　アの(イ)及び(ウ)については，飼育，栽培を通して行うこと。

イ　アの(ウ)の「植物の育ち方」については，夏生一年生の双子葉植物を扱うこと。

(4)　内容の「B生命・地球」の(2)のアの(ア)の「太陽の位置の変化」については，東から南，西へと変化することを取り扱うものとする。また，太陽の位置を調べるときの方位は東，西，南，北を扱うものとする。

〔第4学年〕

1　目　標

(1)　物質・エネルギー

①　空気，水及び金属の性質，電流の働きについての理解を図り，観察，実験などに関する基本的な技能を身に付けるようにする。

②　空気，水及び金属の性質，電流の働きについて追究する中で，主に既習の内容や生活経験を基に，根拠のある予想や仮説を発想する力を養う。

③　空気，水及び金属の性質，電流の働きについて追究する中で，主体的に問題解決しようとする態度を養う。

(2)　生命・地球

①　人の体のつくりと運動，動物の活動や植物の成長と環境との関わり，雨水の行方と地面の様子，気象現象，月や星についての理解を図り，観察，実験などに関する基本的な技能を身に付けるようにする。

②　人の体のつくりと運動，動物の活動や植物の成長と環境との関わり，雨水の行方と地面の様子，気象現象，月や星について追究する中で，主に既習の内容や生活経験を基に，根拠のある予想や仮説を

発想する力を養う。

③　人の体のつくりと運動，動物の活動や植物の成長と環境との関わり，雨水の行方と地面の様子，気象現象，月や星について追究する中で，生物を愛護する態度や主体的に問題解決しようとする態度を養う。

2　内　容

A　物質・エネルギー

(1)　空気と水の性質

　　空気と水の性質について，体積や圧し返す力の変化に着目して，それらと圧す力とを関係付けて調べる活動を通して，次の事項を身に付けることができるよう指導する。

　ア　次のことを理解するとともに，観察，実験などに関する技能を身に付けること。

　　(ア)　閉じ込めた空気を圧すと，体積は小さくなるが，圧し返す力は大きくなること。

　　(イ)　閉じ込めた空気は圧し縮められるが，水は圧し縮められないこと。

　イ　空気と水の性質について追究する中で，既習の内容や生活経験を基に，空気と水の体積や圧し返す力の変化と圧す力との関係について，根拠のある予想や仮説を発想し，表現すること。

(2)　金属，水，空気と温度

　　金属，水及び空気の性質について，体積や状態の変化，熱の伝わり方に着目して，それらと温度の変化とを関係付けて調べる活動を通して，次の事項を身に付けることができるよう指導する。

　ア　次のことを理解するとともに，観察，実験などに関する技能を身に付けること。

　　(ア)　金属，水及び空気は，温めたり冷やしたりすると，それらの体積が変わるが，その程度には違いがあること。

　　(イ)　金属は熱せられた部分から順に温まるが，水や空気は熱せられた部分が移動して全体が温まること。

　　(ウ)　水は，温度によって水蒸気や氷に変わること。また，水が氷になると体積が増えること。

　イ　金属，水及び空気の性質について追究する中で，既習の内容や生活経験を基に，金属，水及び空気の温度を変化させたときの体積や状態の変化，熱の伝わり方について，根拠のある予想や仮説を発想し，表現すること。

(3)　電流の働き

　　電流の働きについて，電流の大きさや向きと乾電池につないだ物の様子に着目して，それらを関係付けて調べる活動を通して，次の事項を身に付けることができるよう指導する。

　ア　次のことを理解するとともに，観察，実験などに関する技能を身に付けること。

　　(ア)　乾電池の数やつなぎ方を変えると，電流の大きさや向きが変わり，豆電球の明るさやモーター

の回り方が変わること。

　イ　電流の働きについて追究する中で，既習の内容や生活経験を基に，電流の大きさや向きと乾電池につないだ物の様子との関係について，根拠のある予想や仮説を発想し，表現すること。

B　生命・地球

(1)　人の体のつくりと運動

　　人や他の動物について，骨や筋肉のつくりと働きに着目して，それらを関係付けて調べる活動を通して，次の事項を身に付けることができるよう指導する。

　ア　次のことを理解するとともに，観察，実験などに関する技能を身に付けること。

　　(ア)　人の体には骨と筋肉があること。

　　(イ)　人が体を動かすことができるのは，骨，筋肉の働きによること。

　イ　人や他の動物について追究する中で，既習の内容や生活経験を基に，人や他の動物の骨や筋肉のつくりと働きについて，根拠のある予想や仮説を発想し，表現すること。

(2)　季節と生物

　　身近な動物や植物について，探したり育てたりする中で，動物の活動や植物の成長と季節の変化に着目して，それらを関係付けて調べる活動を通して，次の事項を身に付けることができるよう指導する。

　ア　次のことを理解するとともに，観察，実験などに関する技能を身に付けること。

　　(ア)　動物の活動は，暖かい季節，寒い季節などによって違いがあること。

　　(イ)　植物の成長は，暖かい季節，寒い季節などによって違いがあること。

　イ　身近な動物や植物について追究する中で，既習の内容や生活経験を基に，季節ごとの動物の活動や植物の成長の変化について，根拠のある予想や仮説を発想し，表現すること。

(3)　雨水の行方と地面の様子

　　雨水の行方と地面の様子について，流れ方やしみ込み方に着目して，それらと地面の傾きや土の粒の大きさとを関係付けて調べる活動を通して，次の事項を身に付けることができるよう指導する。

　ア　次のことを理解するとともに，観察，実験などに関する技能を身に付けること。

　　(ア)　水は，高い場所から低い場所へと流れて集まること。

　　(イ)　水のしみ込み方は，土の粒の大きさによって違いがあること。

　イ　雨水の行方と地面の様子について追究する中で，既習の内容や生活経験を基に，雨水の流れ方やしみ込み方と地面の傾きや土の粒の大きさとの関係について，根拠のある予想や仮説を発想し，表現すること。

(4)　天気の様子

天気や自然界の水の様子について，気温や水の行方に着目して，それらと天気の様子や水の状態変化とを関係付けて調べる活動を通して，次の事項を身に付けることができるよう指導する。

ア　次のことを理解するとともに，観察，実験などに関する技能を身に付けること。

　㋐　天気によって１日の気温の変化の仕方に違いがあること。

　㋑　水は，水面や地面などから蒸発し，水蒸気になって空気中に含まれていくこと。また，空気中の水蒸気は，結露して再び水になって現れることがあること。

イ　天気や自然界の水の様子について追究する中で，既習の内容や生活経験を基に，天気の様子や水の状態変化と気温や水の行方との関係について，根拠のある予想や仮説を発想し，表現すること。

⑸　月と星

　　月や星の特徴について，位置の変化や時間の経過に着目して，それらを関係付けて調べる活動を通して，次の事項を身に付けることができるよう指導する。

ア　次のことを理解するとともに，観察，実験などに関する技能を身に付けること。

　㋐　月は日によって形が変わって見え，１日のうちでも時刻によって位置が変わること。

　㋑　空には，明るさや色の違う星があること。

　㋒　星の集まりは，１日のうちでも時刻によって，並び方は変わらないが，位置が変わること。

イ　月や星の特徴について追究する中で，既習の内容や生活経験を基に，月や星の位置の変化と時間の経過との関係について，根拠のある予想や仮説を発想し，表現すること。

3　内容の取扱い

⑴　内容の「Ａ物質・エネルギー」の⑶のアの㋐については，直列つなぎと並列つなぎを扱うものとする。

⑵　内容の「Ａ物質・エネルギー」の指導に当たっては，２種類以上のものづくりを行うものとする。

⑶　内容の「Ｂ生命・地球」の⑴のアの㋑については，関節の働きを扱うものとする。

⑷　内容の「Ｂ生命・地球」の⑵については，１年を通じて動物の活動や植物の成長をそれぞれ２種類以上観察するものとする。

〔第５学年〕

1　目　標

⑴　物質・エネルギー

①　物の溶け方，振り子の運動，電流がつくる磁力についての理解を図り，観察，実験などに関する基本的な技能を身に付けるようにする。

②　物の溶け方，振り子の運動，電流がつくる磁力について追究する中で，主に予想や仮説を基に，解

決の方法を発想する力を養う。

③　物の溶け方，振り子の運動，電流がつくる磁力について追究する中で，主体的に問題解決しようとする態度を養う。

(2)　生命・地球

①　生命の連続性，流れる水の働き，気象現象の規則性についての理解を図り，観察，実験などに関する基本的な技能を身に付けるようにする。

②　生命の連続性，流れる水の働き，気象現象の規則性について追究する中で，主に予想や仮説を基に，解決の方法を発想する力を養う。

③　生命の連続性，流れる水の働き，気象現象の規則性について追究する中で，生命を尊重する態度や主体的に問題解決しようとする態度を養う。

2　内　容

A　物質・エネルギー

(1)　物の溶け方

　　物の溶け方について，溶ける量や様子に着目して，水の温度や量などの条件を制御しながら調べる活動を通して，次の事項を身に付けることができるよう指導する。

ア　次のことを理解するとともに，観察，実験などに関する技能を身に付けること。

　(ア)　物が水に溶けても，水と物とを合わせた重さは変わらないこと。

　(イ)　物が水に溶ける量には，限度があること。

　(ウ)　物が水に溶ける量は水の温度や量，溶ける物によって違うこと。また，この性質を利用して，溶けている物を取り出すことができること。

イ　物の溶け方について追究する中で，物の溶け方の規則性についての予想や仮説を基に，解決の方法を発想し，表現すること。

(2)　振り子の運動

　　振り子の運動の規則性について，振り子が１往復する時間に着目して，おもりの重さや振り子の長さなどの条件を制御しながら調べる活動を通して，次の事項を身に付けることができるよう指導する。

ア　次のことを理解するとともに，観察，実験などに関する技能を身に付けること。

　(ア)　振り子が１往復する時間は，おもりの重さなどによっては変わらないが，振り子の長さによって変わること。

イ　振り子の運動の規則性について追究する中で，振り子が１往復する時間に関係する条件についての予想や仮説を基に，解決の方法を発想し，表現すること。

(3) 電流がつくる磁力

　　電流がつくる磁力について，電流の大きさや向き，コイルの巻数などに着目して，それらの条件を制御しながら調べる活動を通して，次の事項を身に付けることができるよう指導する。

　ア　次のことを理解するとともに，観察，実験などに関する技能を身に付けること。

　　(ア)　電流の流れているコイルは，鉄心を磁化する働きがあり，電流の向きが変わると，電磁石の極も変わること。

　　(イ)　電磁石の強さは，電流の大きさや導線の巻数によって変わること。

　イ　電流がつくる磁力について追究する中で，電流がつくる磁力の強さに関係する条件についての予想や仮説を基に，解決の方法を発想し，表現すること。

B　生命・地球

(1) 植物の発芽，成長，結実

　　植物の育ち方について，発芽，成長及び結実の様子に着目して，それらに関わる条件を制御しながら調べる活動を通して，次の事項を身に付けることができるよう指導する。

　ア　次のことを理解するとともに，観察，実験などに関する技能を身に付けること。

　　(ア)　植物は，種子の中の養分を基にして発芽すること。

　　(イ)　植物の発芽には，水，空気及び温度が関係していること。

　　(ウ)　植物の成長には，日光や肥料などが関係していること。

　　(エ)　花にはおしべやめしべなどがあり，花粉がめしべの先に付くとめしべのもとが実になり，実の中に種子ができること。

　イ　植物の育ち方について追究する中で，植物の発芽，成長及び結実とそれらに関わる条件についての予想や仮説を基に，解決の方法を発想し，表現すること。

(2) 動物の誕生

　　動物の発生や成長について，魚を育てたり人の発生についての資料を活用したりする中で，卵や胎児の様子に着目して，時間の経過と関係付けて調べる活動を通して，次の事項を身に付けることができるよう指導する。

　ア　次のことを理解するとともに，観察，実験などに関する技能を身に付けること。

　　(ア)　魚には雌雄があり，生まれた卵は日がたつにつれて中の様子が変化してかえること。

　　(イ)　人は，母体内で成長して生まれること。

　イ　動物の発生や成長について追究する中で，動物の発生や成長の様子と経過についての予想や仮説を基に，解決の方法を発想し，表現すること。

(3) 流れる水の働きと土地の変化

流れる水の働きと土地の変化について，水の速さや量に着目して，それらの条件を制御しながら調べる活動を通して，次の事項を身に付けることができるよう指導する。

　ア　次のことを理解するとともに，観察，実験などに関する技能を身に付けること。

　　(ア)　流れる水には，土地を侵食したり，石や土などを運搬したり堆積させたりする働きがあること。

　　(イ)　川の上流と下流によって，川原の石の大きさや形に違いがあること。

　　(ウ)　雨の降り方によって，流れる水の量や速さは変わり，増水により土地の様子が大きく変化する場合があること。

　イ　流れる水の働きについて追究する中で，流れる水の働きと土地の変化との関係についての予想や仮説を基に，解決の方法を発想し，表現すること。

(4)　天気の変化

　　天気の変化の仕方について，雲の様子を観測したり，映像などの気象情報を活用したりする中で，雲の量や動きに着目して，それらと天気の変化とを関係付けて調べる活動を通して，次の事項を身に付けることができるよう指導する。

　ア　次のことを理解するとともに，観察，実験などに関する技能を身に付けること。

　　(ア)　天気の変化は，雲の量や動きと関係があること。

　　(イ)　天気の変化は，映像などの気象情報を用いて予想できること。

　イ　天気の変化の仕方について追究する中で，天気の変化の仕方と雲の量や動きとの関係についての予想や仮説を基に，解決の方法を発想し，表現すること。

3　内容の取扱い

(1)　内容の「A物質・エネルギー」の指導に当たっては，2種類以上のものづくりを行うものとする。

(2)　内容の「A物質・エネルギー」の(1)については，水溶液の中では，溶けている物が均一に広がることにも触れること。

(3)　内容の「B生命・地球」の(1)については，次のとおり取り扱うものとする。

　ア　アの(ア)の「種子の中の養分」については，でんぷんを扱うこと。

　イ　アの(エ)については，おしべ，めしべ，がく及び花びらを扱うこと。また，受粉については，風や昆虫などが関係していることにも触れること。

(4)　内容の「B生命・地球」の(2)のアの(イ)については，人の受精に至る過程は取り扱わないものとする。

(5)　内容の「B生命・地球」の(3)のアの(ウ)については，自然災害についても触れること。

(6)　内容の「B生命・地球」の(4)のアの(イ)については，台風の進路による天気の変化や台風と降雨との関係及びそれに伴う自然災害についても触れること。

〔第6学年〕

1 目 標

(1) 物質・エネルギー

① 燃焼の仕組み，水溶液の性質，てこの規則性及び電気の性質や働きについての理解を図り，観察，実験などに関する基本的な技能を身に付けるようにする。

② 燃焼の仕組み，水溶液の性質，てこの規則性及び電気の性質や働きについて追究する中で，主にそれらの仕組みや性質，規則性及び働きについて，より妥当な考えをつくりだす力を養う。

③ 燃焼の仕組み，水溶液の性質，てこの規則性及び電気の性質や働きについて追究する中で，主体的に問題解決しようとする態度を養う。

(2) 生命・地球

① 生物の体のつくりと働き，生物と環境との関わり，土地のつくりと変化，月の形の見え方と太陽との位置関係についての理解を図り，観察，実験などに関する基本的な技能を身に付けるようにする。

② 生物の体のつくりと働き，生物と環境との関わり，土地のつくりと変化，月の形の見え方と太陽との位置関係について追究する中で，主にそれらの働きや関わり，変化及び関係について，より妥当な考えをつくりだす力を養う。

③ 生物の体のつくりと働き，生物と環境との関わり，土地のつくりと変化，月の形の見え方と太陽との位置関係について追究する中で，生命を尊重する態度や主体的に問題解決しようとする態度を養う。

2 内 容

A 物質・エネルギー

(1) 燃焼の仕組み

燃焼の仕組みについて，空気の変化に着目して，物の燃え方を多面的に調べる活動を通して，次の事項を身に付けることができるよう指導する。

ア 次のことを理解するとともに，観察，実験などに関する技能を身に付けること。

(ア) 植物体が燃えるときには，空気中の酸素が使われて二酸化炭素ができること。

イ 燃焼の仕組みについて追究する中で，物が燃えたときの空気の変化について，より妥当な考えをつくりだし，表現すること。

(2) 水溶液の性質

水溶液について，溶けている物に着目して，それらによる水溶液の性質や働きの違いを多面的に調べる活動を通して，次の事項を身に付けることができるよう指導する。

ア 次のことを理解するとともに，観察，実験などに関する技能を身に付けること。

(ア) 水溶液には，酸性，アルカリ性及び中性のものがあること。

(イ) 水溶液には，気体が溶けているものがあること。

(ウ) 水溶液には，金属を変化させるものがあること。

イ 水溶液の性質や働きについて追究する中で，溶けているものによる性質や働きの違いについて，より妥当な考えをつくりだし，表現すること。

(3) てこの規則性

てこの規則性について，力を加える位置や力の大きさに着目して，てこの働きを多面的に調べる活動を通して，次の事項を身に付けることができるよう指導する。

ア 次のことを理解するとともに，観察，実験などに関する技能を身に付けること。

(ア) 力を加える位置や力の大きさを変えると，てこを傾ける働きが変わり，てこがつり合うときにはそれらの間に規則性があること。

(イ) 身の回りには，てこの規則性を利用した道具があること。

イ てこの規則性について追究する中で，力を加える位置や力の大きさとてこの働きとの関係について，より妥当な考えをつくりだし，表現すること。

(4) 電気の利用

発電や蓄電，電気の変換について，電気の量や働きに着目して，それらを多面的に調べる活動を通して，次の事項を身に付けることができるよう指導する。

ア 次のことを理解するとともに，観察，実験などに関する技能を身に付けること。

(ア) 電気は，つくりだしたり蓄えたりすることができること。

(イ) 電気は，光，音，熱，運動などに変換することができること。

(ウ) 身の回りには，電気の性質や働きを利用した道具があること。

イ 電気の性質や働きについて追究する中で，電気の量と働きとの関係，発電や蓄電，電気の変換について，より妥当な考えをつくりだし，表現すること。

B 生命・地球

(1) 人の体のつくりと働き

人や他の動物について，体のつくりと呼吸，消化，排出及び循環の働きに着目して，生命を維持する働きを多面的に調べる活動を通して，次の事項を身に付けることができるよう指導する。

ア 次のことを理解するとともに，観察，実験などに関する技能を身に付けること。

(ア) 体内に酸素が取り入れられ，体外に二酸化炭素などが出されていること。

(イ) 食べ物は，口，胃，腸などを通る間に消化，吸収され，吸収されなかった物は排出されること。

(ウ) 血液は，心臓の働きで体内を巡り，養分，酸素及び二酸化炭素などを運んでいること。

(エ) 体内には，生命活動を維持するための様々な臓器があること。

イ 人や他の動物の体のつくりと働きについて追究する中で，体のつくりと呼吸，消化，排出及び循環の働きについて，より妥当な考えをつくりだし，表現すること。

(2) 植物の養分と水の通り道

植物について，その体のつくり，体内の水などの行方及び葉で養分をつくる働きに着目して，生命を維持する働きを多面的に調べる活動を通して，次の事項を身に付けることができるよう指導する。

ア 次のことを理解するとともに，観察，実験などに関する技能を身に付けること。

(ア) 植物の葉に日光が当たるとでんぷんができること。

(イ) 根，茎及び葉には，水の通り道があり，根から吸い上げられた水は主に葉から蒸散により排出されること。

イ 植物の体のつくりと働きについて追究する中で，体のつくり，体内の水などの行方及び葉で養分をつくる働きについて，より妥当な考えをつくりだし，表現すること。

(3) 生物と環境

生物と環境について，動物や植物の生活を観察したり資料を活用したりする中で，生物と環境との関わりに着目して，それらを多面的に調べる活動を通して，次の事項を身に付けることができるよう指導する。

ア 次のことを理解するとともに，観察，実験などに関する技能を身に付けること。

(ア) 生物は，水及び空気を通して周囲の環境と関わって生きていること。

(イ) 生物の間には，食う食われるという関係があること。

(ウ) 人は，環境と関わり，工夫して生活していること。

イ 生物と環境について追究する中で，生物と環境との関わりについて，より妥当な考えをつくりだし，表現すること。

(4) 土地のつくりと変化

土地のつくりと変化について，土地やその中に含まれる物に着目して，土地のつくりやでき方を多面的に調べる活動を通して，次の事項を身に付けることができるよう指導する。

ア 次のことを理解するとともに，観察，実験などに関する技能を身に付けること。

(ア) 土地は，礫，砂，泥，火山灰などからできており，層をつくって広がっているものがあること。また，層には化石が含まれているものがあること。

(イ) 地層は，流れる水の働きや火山の噴火によってできること。

(ウ) 土地は，火山の噴火や地震によって変化すること。

イ　土地のつくりと変化について追究する中で，土地のつくりやでき方について，より妥当な考えを
つくりだし，表現すること。

(5)　月と太陽

月の形の見え方について，月と太陽の位置に着目して，それらの位置関係を多面的に調べる活動を
通して，次の事項を身に付けることができるよう指導する。

ア　次のことを理解するとともに，観察，実験などに関する技能を身に付けること。

(ア)　月の輝いている側に太陽があること。また，月の形の見え方は，太陽と月との位置関係によっ
て変わること。

イ　月の形の見え方について追究する中で，月の位置や形と太陽の位置との関係について，より妥当
な考えをつくりだし，表現すること。

3　内容の取扱い

(1)　内容の「Ａ物質・エネルギー」の指導に当たっては，2種類以上のものづくりを行うものとする。

(2)　内容の「Ａ物質・エネルギー」の(4)のアの(ア)については，電気をつくりだす道具として，手回し発電
機，光電池などを扱うものとする。

(3)　内容の「Ｂ生命・地球」の(1)については，次のとおり取り扱うものとする。

ア　アの(ウ)については，心臓の拍動と脈拍とが関係することにも触れること。

イ　アの(エ)については，主な臓器として，肺，胃，小腸，大腸，肝臓，腎臓，心臓を扱うこと。

(4)　内容の「Ｂ生命・地球」の(3)については，次のとおり取り扱うものとする。

ア　アの(ア)については，水が循環していることにも触れること。

イ　アの(イ)については，水中の小さな生物を観察し，それらが魚などの食べ物になっていることに触
れること。

(5)　内容の「Ｂ生命・地球」の(4)については，次のとおり取り扱うものとする。

ア　アの(イ)については，流れる水の働きでできた岩石として礫岩，砂岩，泥岩を扱うこと。

イ　アの(ウ)については，自然災害についても触れること。

(6)　内容の「Ｂ生命・地球」の(5)のアの(ア)については，地球から見た太陽と月との位置関係で扱うものと
する。

第3　指導計画の作成と内容の取扱い

1　指導計画の作成に当たっては，次の事項に配慮するものとする。

(1)　単元など内容や時間のまとまりを見通して，その中で育む資質・能力の育成に向けて，児童の主体
的・対話的で深い学びの実現を図るようにすること。その際，理科の学習過程の特質を踏まえ，理科

の見方・考え方を働かせ，見通しをもって観察，実験を行うことなどの，問題を科学的に解決しよう
とする学習活動の充実を図ること。

(2) 各学年で育成を目指す思考力，判断力，表現力等については，該当学年において育成することを目
指す力のうち，主なものを示したものであり，実際の指導に当たっては，他の学年で掲げている力の
育成についても十分に配慮すること。

(3) 障害のある児童などについては，学習活動を行う場合に生じる困難さに応じた指導内容や指導方法
の工夫を計画的，組織的に行うこと。

(4) 第1章総則の第1の2の(2)に示す道徳教育の目標に基づき，道徳科などとの関連を考慮しながら，
第3章特別の教科道徳の第2に示す内容について，理科の特質に応じて適切な指導をすること。

2 第2の内容の取扱いについては，次の事項に配慮するものとする。

(1) 問題を見いだし，予想や仮説，観察，実験などの方法について考えたり説明したりする学習活動，
観察，実験の結果を整理し考察する学習活動，科学的な言葉や概念を使用して考えたり説明したりす
る学習活動などを重視することによって，言語活動が充実するようにすること。

(2) 観察，実験などの指導に当たっては，指導内容に応じてコンピュータや情報通信ネットワークなど
を適切に活用できるようにすること。また，第1章総則の第3の1の(3)のイに掲げるプログラミング
を体験しながら論理的思考力を身に付けるための学習活動を行う場合には，児童の負担に配慮しつ
つ，例えば第2の各学年の内容の〔第6学年〕の「A物質・エネルギー」の(4)における電気の性質や働
きを利用した道具があることを捉える学習など，与えた条件に応じて動作していることを考察し，更
に条件を変えることにより，動作が変化することについて考える場面で取り扱うものとする。

(3) 生物，天気，川，土地などの指導に当たっては，野外に出掛け地域の自然に親しむ活動や体験的な
活動を多く取り入れるとともに，生命を尊重し，自然環境の保全に寄与する態度を養うようにする
こと。

(4) 天気，川，土地などの指導に当たっては，災害に関する基礎的な理解が図られるようにすること。

(5) 個々の児童が主体的に問題解決の活動を進めるとともに，日常生活や他教科等との関連を図った学
習活動，目的を設定し，計測して制御するという考え方に基づいた学習活動が充実するようにする
こと。

(6) 博物館や科学学習センターなどと連携，協力を図りながら，それらを積極的に活用すること。

3 観察，実験などの指導に当たっては，事故防止に十分留意すること。また，環境整備に十分配慮する
とともに，使用薬品についても適切な措置をとるよう配慮すること。

小学校　教科書単元別

到達目標と評価規準 〈理科〉学 3-6年
2020年度新教科書対応

2019年10月30日　初版第1版発行

企画・編集　　日本標準教育研究所
発 行 所　　株式会社　日本標準
発 行 者　　伊藤 潔
　　　　　　〒167-0052　東京都杉並区南荻窪3-31-18
　　　　　　TEL 03-3334-2630　FAX 03-3334-2635
　　　　　　URL https://www.nipponhyojun.co.jp/
デザイン・編集協力　株式会社リーブルテック
印刷・製本　株式会社リーブルテック

ISBN　978-4-8208-0676-9　C3037　Printed in Japan
乱丁・落丁の場合はお取り替えいたします。